智元微库
OPEN MIND

——成长也是一种美好——

爆款内容
方法论

休斯◎著

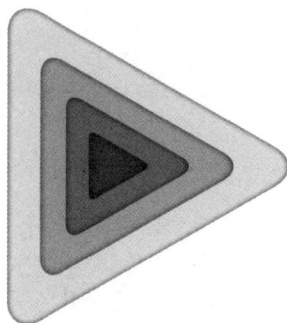

人民邮电出版社

北京

图书在版编目（CIP）数据

爆款内容方法论 / 休斯著. -- 北京：人民邮电出
版社，2023.3
　ISBN 978-7-115-60825-3

　Ⅰ．①爆… Ⅱ．①休… Ⅲ．①传播媒介－运营管理
Ⅳ．① G206.2

　中国版本图书馆 CIP 数据核字（2022）第 252274 号

◆　　著　休　斯
　　责任编辑　宋　燕
　　责任印制　周昇亮

◆ 人民邮电出版社出版发行　　北京市丰台区成寿寺路 11 号
　邮编 100164　　电子邮件 315@ptpress.com.cn

　网址 https://www.ptpress.com.cn
　天津千鹤文化传播有限公司印刷

◆ 开本：880×1230　1/32

　印张：7.5　　　　　　　　　　2023 年 3 月第 1 版
　字数：260 千字　　　　　　　 2025 年 9 月天津第 10 次印刷

定　价：59.80 元

读者服务热线：（010）67630125　印装质量热线：（010）81055316
反盗版热线：（010）81055315

赞誉

休斯是抖音上颇有影响力的流量专家，也是我所开办的创始人私董会的成员。从天使投资人的视角看，她做公司非常专注，做流量非常纯粹。她是导演科班出身，很多知名的IP持有者都曾是她的学员。如果你想理解用户的心理需求所带来的流量，她的书值得一读。

——宁柏宇

蓝象资本创始合伙人

爆款内容的本质是创造符合大众心理需求的内容产品，休斯是业内一流的爆款内容创作专家。她从用户心理出发，深刻理解内容行业的特点，总结出"爆款是重复的"这一深刻洞见。想要创作爆款内容的从业者都应该读一读这本充满干货的《爆款内容方法论》。

——熊客大熊

熊客集团创始人

我们这代创业者，打从认识商业起，就反复被灌输性价比、强渠道、供应链、模式等商业元素。内容，过去最不受重视，却将在未来扮演重要的角色。想象力为王的时代真正到来了。我和休斯认识很久了，她的头几条账号拆解视频就俘获了我。内容的底层逻辑必是顺应人心，也只有来自心理层面的拆解，才是真正专业的体现。这也是我常向朋友们推荐休斯老师的原因。

——程前

商业采访头部博主

这本书适不适合了解短视频平台我不知道，但这本书一定适合想做好短视频内容的人。如果你想知道推流机制和算法这些所谓的"秘密"，就不要打开这本书。如果你想解决今天该拍什么视频的问题，就看一看这本书的目录。

——薛辉

短视频培训头部博主

做流量就是识人心。

相信你不止一次地听过这句话。给用户想要的，就能得到你想要的。这个时代，好像顺应了人心，掌握了流量，就拥有了财富密码。每个人对流量都有自己的理解。

在我看来，浅层的是认知，告诉你什么是对的和错的；深层的是方法，告诉你怎么做；最有效的是步骤，告诉你每一步怎么做。要是只教流量就罢了，休斯还试图完整地拆解和还原流量背后的逻辑，将它赤裸裸地展现在你面前并告诉你：流量的秘密都在这本书里。照着做就能有结果的东西，向来都很难得。

——董十一
新媒体资深从业者

爆款是可以重复的

刘 sir ｜ 合生载物创始人　书香学舍主理人

如果流量是今天这个时代的黄金和钻石，那么内容就是原材料。

如果你认同"爆款是可以重复的"这句话，你就一定要读《爆款内容方法论》这本书。

既然爆款可以重复，其中必然包含规律、逻辑与方法。如果有人能把打造爆款的底层逻辑总结出来，就好比打造了一把能打开流量之门的钥匙。

如果你想做爆款，钥匙都已经摆在你眼前了，请问你要不要拿一把？

休斯是我遇到过的在内容领域中罕见的天赋型选手。她专注、聚焦、相信专业的力量，我能感受到她工作时无比快乐，因为她是一位能时刻进入心流状态的高手。

一个人既然找到了自己的绝对优势领域且如此地享受，想不快速取得成绩都难。如今她已然是被业内高手称道的流量专家。

她对内容、对流量的理解不止于"术"，而是会以道驭术，道术结合。这就是她自己能快速拿到结果，也能帮助更多的人拿到结果的原因。

我觉得学做流量、做内容，谁维度站得高，框架思维强，认知聚焦于底层，谁就值得我们学习。

难能可贵的是，休斯就是这样的高手，她会结合我们做内容、做流量的难点和痛点，从心理学的底层角度分享自己对流量的理解和对内容的认知。

作为"合生载物"的创始人，我的使命是打造真正对大众有价值的作品，我当然愿意和休斯这样的老师在内容开发上展开合作。

作为"书香学舍"品牌的主理人，我的义务是影响有影响力的人，我自然愿意把这本书推荐给"书香学舍"的每一位老师。

流量是"长脚的"黄金和钻石，它给了每个人重新回到起跑线的公平机会，同样会自动奔向那些更能驾驭它的人。如果你能认识到这一点，那么我相信你会避免很多偏激、狭隘、懒惰与矫情的问题。

最后，祝每一位追求成为更好自己的朋友都能不被时代抛弃，愿每个人都能拿起流量的武器闯出自己的一片天地。

加油！

序

大家好，我是休斯！过去几年，我专注于创作内容和短视频。在研究流量的过程中，我经历过起号但不赚钱的情况，那时，几十万粉丝的账号只卖了几千元。我也遇到过耗费大量时间和精力，但想打造的账号怎么都不火的问题。可以说，大家做流量的过程中遇到的很多问题，我之前都遇到过。

在不断地实践试错后，现在我做账号已经比较得心应手了。我做的很多项目，可以在一个月内打造出企业号并成功变现，帮助了很多企业和个人。他们使用我的一些流量方法论后，实现了流量的增长和业绩的突破。之所以要写《爆款内容方法论》这本书，就是希望能把我在研究流量的过程中总结出的方法和经验分享给更多人。

在未来越来越强调个人影响力的时代，流量也会越来越重要，而且大部分流量都在线上。我希望那些优秀的个体和优秀的产品能够不被时代抛弃，希望每个人都能拿起流量武器去抢占自己的一片天地。

　　我相信，只要大家投身流量行业研究一两年，就会发现我们需要探索和积累的专业知识，不只是简单的脚本应该怎么写，不再是"爆点前置"这种基本技法，也不再是人设^①这种"术"层面的内容。研究到最后，我们要思考的是，该怎样去设计"内容"。什么样的内容会让用户在看到开头的时候就产生强烈的好奇心？有了好奇心后，用户才会想往后看，这样才有可能提高短视频的完播率，也就是让观众在我们的视频上停留更长时间。

　　研究流量，本质上就是在研究人的心理。我们创作内容时，也都是去挖掘人的心理层面的诉求。创作者要做的，是站在大众的角度去思考：用户看到的内容，是否能让他产生愉悦感，是否能让他产生代入感，是否能满足他的幻想和需求。

　　当我们想到这个层面时，就会发现原来我们研究的是人，是人的心理。例如，有一个短视频平台，它给自己的定义就是"我不是一个短视频平台，不是一个直播平台，也不是一个电商平台；我是一个基于人的为人服务的平台"。它其实就在表明，无论它是什么平台，主要输出什么内容，它

---

① 人设，"人物设定"的简称，指有意塑造的形象。

最终的服务对象都是人。

所以，在创作内容时，无论做的是图文还是视频，最终的观众都是人。如果我们能把人性了解清楚，把心理学研究明白，并将它们运用到做流量的过程中，就会感觉做流量比较轻松、简单，而且事半功倍。具体到这本书，我会从定位、内容、人设、借势营销等方面跟大家阐述心理学和流量的关系。

我的这本书写得比较通俗易懂，主要基于短视频营销这个新兴行业，探讨人的心理对流量的影响。期待本书出版之后，可以更广泛地传播获取流量的底层方法论，帮助更多正在做流量的人掌握真正的流量密码，也欢迎更多有志之士加入研究和探讨流量的行列。

目 录 CONTENTS

第六章　内容

第七章　借势营销

后记　未来趋势下，用户心理与流量关系的变与不变

第一章

流量背后的心理学

关于流量的认知误区与正确认知

在这个流量为王的时代，每个人都在梦想着创造属于自己的流量，期待通过流量的暴涨，给自己带来更多变现机会。

在追逐流量的过程中，很多人非但没能享受流量经济的红利，反而因陷入流量误区而备受折磨和煎熬。

那么，常见的关于流量的认知误区有哪些呢？

把赛道看得太窄，产品思维固化

流量赛道多种多样，三百六十行几乎都能在平台上找到适合自己的位置。可是，有些人的产品思维固化严重，他们的眼睛只盯着自己手里的产品，导致他们把赛道看得过于狭窄。

比如说，卖耳钉的账号在做流量时只考虑耳钉到底应该怎样卖；卖辣椒酱的账号只考虑辣椒酱怎样才能卖得多。但从流量的角度来说，"耳钉"和"辣椒酱"都不能被当作单一的赛道。

比起只盯着一个产品做内容，更有效的做法是把产品放到使用场景里。还是以辣椒酱为例，可以做一个美食账号，设计适合辣椒酱推广的各种场景，比如吃面条、火锅、炒饭等都能配辣椒酱，打造一款怎么吃都好吃的百搭辣椒酱产品。这比单纯说辣椒酱有多好吃更吸引人，更能打开流量入口。

把产品放到场景里的做法，能更好地扩大流量入口，充分利用流量漏斗。做辣椒酱账号，赛道太窄，也许只能吸引1000人，即便每个人买一罐，最多也就卖掉1000罐。做美食账号就不一样了，受众广，赛道宽，可能会吸引1000万人，即便只有千分之一的人购买，至少也能卖掉1万罐。

产品思维固化的人，不会把产品属性和内容赛道融合在一起，不知道怎样把产品做得更有娱乐属性。

想得太多，想得太大

很多人在刚进入一个平台时，会有很强的畏难情绪，觉得自己开始得太晚、行业太卷[①]、自己能力太差……

———————

① 卷："内卷"的简称，互联网流行用语，指非理性的内部激烈竞争。

其实完全不需要有这些顾虑，我们的目标不是成为一个大网红，而是利用平台获取流量，在不同平台上做账号就和在现实生活中开实体店是一样的。

以短视频为例：你在一个平台上开直播，你的直播间里平均每分钟在线 20 人，虽然看着很少，但是如果你开 8 小时，相当于这个直播间每天差不多有 1 万人进入。这样的客流量，哪怕是处在北京的大型商圈也很难保证获得。而且开实体店的成本可能要三四十万元，但在抖音上开一个小店几乎是没有什么成本的。

做流量时，一定不要把自己想得太大，竞争流量是赛道头部账号需要考虑的事，你只需要以一个"小商家"的心态搞自己的小流量。

我看到很多怀着"小商家"心态的人在平台上赚到了钱，一些只有 3000 个粉丝的账号，1 个月就能变现 10 万元。看似夸张，却是真实的。因为这些"小商家"没有过多地考虑晚不晚、卷不卷、难不难，而是勇敢去做。

认为垃圾流量也是流量

对大多数人来说，"做流量"其实是非常简单的事。街头拥抱之类的内容，都能让人火起来，但这种流量对变现毫无帮助，可以称之为垃圾流量。

大多数人需要的，是能够变现或者可以被利用的精准流量，这种流量才有价值。要想获取精准流量，最重要的就是做好账号定位。

比如，你想接美妆广告或商单，就去做美妆账号；你是实体商家，需要同城流量，就去做同城账号；你要卖课，就去做知识博主。由此吸引来的目标人群，就叫作精准流量，是可以为你所用，为你变现的流量。而那些沉迷粉丝量、点赞量、浏览量，绞尽脑汁只想要好看的数据，却一直被流量束缚的人，追逐的不过是梦幻泡影。

心理学上有个概念叫"认知偏差"，指人们在认知自身、他人或外部环境时，常因自身或情境而产生认知结果失真的现象。社会知觉中常见的刻板印象、晕轮效应等均为各种形式的认知偏差。

做流量时，之所以会有认知偏差，是因为你一直在自己习惯的环境里，只从自己的角度看待流量。你总是以实体商家的角度看待所有流量，那就会对网络流量有认知偏差；总是以一个身价上亿的上市公司老板的角度看待流量，就会对普通用户的需求产生认知偏差。

我有一个学员就是一家公司的老板，他的公司是靠原创内容火起来的，所以他在做流量的时候会疯狂追求原创，疯狂到只要是别人提到过的词，他就一定要避开，这就是在看待如何获取流量上产生了典型的认知偏差。

那我们应该怎样正确地看待流量呢？

做流量要有内容思维

做流量一定要有内容思维，要把平台看成漏斗，把产品放到应用场景里，才能最大限度地吸引流量。

先做起来再说

每个人都是独一无二的，都有机会把流量做起来，也都能吸引到喜欢自己的人。所以，市场上其实不存在内卷这件事，每个人最大的竞争对手都是自己。从某种意义上说，市场跟大部分人都没有关系，你也不必跟其他人竞争，只要先把流量做起来就好。

做流量不只是取悦用户

做流量，一定不能搞垃圾流量，也不要取悦用户，要时刻知道自己的目标是什么，守住自己的核心。否则，本来是要"做流量"的反而会陷入"为了流量而做流量"的陷阱。就像花钱一样，本来你是支配钱的人，最后却成了"钱在支配你"。

流量的本质

做流量的成果吸引的是一个又一个真实的人，那这些真实的人为什么会被吸引呢？其实就是他们的心理因素在发挥作用。人们的欲望、需求，促使人们做出一些选择，这些选择形成规模后，流量就随之而来了。

所以说，做流量的时候，一定要研究人的心理。以短视频为例，我就是通过研究心理需求教大家获取短视频流量的。一个视频为什么能火？为什么有那么多人点赞？这些现象背后其实是用户对视频产生了认同和共鸣。用户之所以认同，是因为短视频正好切中了他们的痛点。

在这里，我给大家总结了八种常见的心理需求，告诉大家应该怎样结合心理需求拍视频。

第一，爱与浪漫

无论是 18 岁的少男少女还是 40 岁的中年人，内心都是非常渴望爱与浪漫的。也许你觉得 40 多岁的人在经历过各种社会压力后就不需要爱，不需要浪漫了。但事实是，即使是历经沧桑的中年人，也可能会在凌晨为爱感动而流泪，因为爱与浪漫是人们永生追求的东西，与年龄、社会地位、人生经历没有直接关系。这也是很多情侣账号能够获取流量的原因。

第二，独立与自由

独立与自由是人们最终想要达到的状态。

无论是谁，在回答"活着是为了什么""赚钱是为了什么"时，给出的最终答案往往都是：为了独立与自由。

所以，我们在做流量的时候可以运用这一心理。比如做一个旅行账号，不讲大道理，没有干货，一点开视频就是天空中翱翔的鹰，原野上自由的风，不同城市的风土人情……这对只能在办公室里看视频的人来说无疑是一份慰藉，也正是他们所追求的东西，自然就会带来流量。

第三，金钱和财富

金钱和财富自然不用多说。无论富人还是穷人，只要是与钱相关的东西，他们普遍都爱看。

具体来说，与钱相关的内容其实可以分为两个方向：一个是"帮你赚钱"，另一个是"帮你省钱"。比如做家居的账号，可以分享怎么装修能少花钱，选家具有哪些省钱小技巧，这些都能为你带来流量。

第四，个人魅力

所有人都会追求个人魅力的提升，所以很多服务于此的行业应运而生，比如减肥、瑜伽、普拉提、仪态与声音培训等。这些东西可能没法帮人赚钱，也不能让人青春永驻，但还是受到很多人关注。这是因为大家都想要提升个人魅力，获得更多人的关注和认同。

所以，在做流量时会有很多内容可做，比如，让你的声音更有磁性，让你的外表更有魅力，让你更受领导认可，让恋人更爱你等。这类内容都是人们所追求的，自然也更容易获取流量。

第五，社会认同

政治经济学中有这样一个观点："人的本质不是单个人所固有的抽象物，在其现实性上，它是一切社会关系的总和。"人们群居已不再只是出于生存需求，更多的是出于从众心理和对社会认同的渴望，获得所在群体的接纳和认同对人们而言尤为重要。当然，社会认同的前提是你做的事本身要符合社会主流价值观，在此基础上才能更好地创造属于自己的价值。

希望得到社会认同的表现有很多，比如，创业者除了赚钱，也希望被人尊重和崇拜。在做流量时，也可以瞄准用户这一心理。

第六，安全

前面提到的五个心理需求，都是以人身安全为前提的。因此和"安全"相关的话题也很容易获取流量。比如，什么样的地板容易让老人和孩子摔跤；独居女性必备防身三件套；10招教你延年益寿等。因为安全问题是人们最在意的痛点之一，所以人们更愿意把时间分配给这些内容。

第七，健康

人们还很在乎跟健康相关的内容。有些用户容易被一些简单的健康类内容吸引，比如：经常吃荔枝会得"荔枝病"；

孩子注意力不集中是感统问题；经常眨眼是因为脑供血不足等。这些内容大多和人们的生活息息相关，能吸引大批流量，可能有些内容"言过其实"，我们做此类内容的时候务必科学，别误导大家。

第八，休闲与享受

休闲与享受跟我们前面提到的独立与自由相比更贴合实际，也更容易实现，尤其是在经济状况不佳时，人们的娱乐、休闲需求会更大。

想利用这一特性获取流量，可以试着做旅行、露营、户外运动、乐器演奏等休闲类账号，满足人们想要释放压力、享受生活的需求。

通过以上八点，我们可以看出获取有效流量和把握用户心理是息息相关的，无论是内容创作者还是普通用户，都需要掌握心理学。内容创作者可以运用心理学更好地了解用户，做出更加符合用户需求的内容。普通用户了解心理学能够更好地"避坑排雷"[①]，避免被人牵着鼻子走。

① 避坑排雷，互联网流行用语，此处指提前筛选信息来回避糟糕的体验。

流量的增长特点

很多人认为流量是虚无缥缈的东西，自然也无从发现它的增长特点。

实际上，流量的增长特点是有迹可循的，比如，很多头部账号都是爆发式涨粉，稳步涨粉的很少。这就像很少有普通员工能通过积攒工资做到身价上亿，那些亿万富翁大多也是通过大额收入实现财富自由的。

这其实是因为流量本身就是不平稳的。在流量不平稳的背后，也有很多相关的影响因素。

赛道不稳定

平台会在不同时期扶持不同赛道，有平台扶持的赛道自然更容易获取流量。

内容质量不稳定

内容创作者很难保证自己的每条内容都是非常优质的，就像女孩子做不到每一天的妆容都同样精致。内容质量不稳定，流量自然就无法稳定。

平台流量倾斜

无论是线上流量还是线下流量，都会受到环境、热点、政策、活动等种种因素的影响。在不同时间阶段、社会背景中，流量会有不同的倾斜度，不可能一直保持稳定。就像线下商铺有淡季和旺季，线上流量也有低谷和高峰。

作为内容创作者，你需要做的就是在持续稳定的更新与不断积累的过程中等待爆发的机会。如果能坚持在同一个赛道上持续、稳定地输出，当达到从量变到质变的临界点时，流量就会迎来爆发式增长。

在导致流量不稳定的诸多因素中，热点的出现是重要的一个。一个新的热点出现时，就会引领一个新潮流，自然会带来新的流量。比如，疫情导致很多居家隔离的人无事可做，于是直播跳操的健身博主一夜爆红；一些国际贸易纠纷让更多人注意到宏观经济，所以一些名校的经济学老师很快就拥有千万粉丝。

流量的不稳定和爆发式增长的背后，其实隐藏着用户的从众心理。从众心理是指个人受到外界人群行为的影响，而在自己的判断、认识上表现出符合公众舆论或与多数人一致的行为方式。有实验表明，只有一小部分人能够保持独立性，不被从众心理影响。

比如，有一批人很喜欢我，喜欢我给他们讲的课，那就会有一批他们的跟随者也开始喜欢听我的课。那第一批喜欢我的人，充当的就是 KOL 的角色，也就是关键意见领袖。他们往往拥有更多、更准确的产品信息，且为相关群体所接受或信任，并对这个群体的购买行为有较大影响力。

大多数人之所以会受到 KOL 的影响，其实主要是因为想要适度"偷懒"。KOL 的建议，可以帮他们节省心智成本，让他们能更好地把时间和精力花在重要的地方，而没必要去了解所有的行业。

想要合理、正向利用用户的从众心理，就一定要好好运营精准粉丝。精准粉丝是帮你造势的口碑放大器，甚至可以帮你链接更高价值的资源，更好地放大你的价值和流量。

那么，应该如何运营精准粉丝呢？

输出有价值的内容

我在做每一条视频的时候都会认真思考怎样才能给用户提供真正的价值，在列选题、做方案、写脚本时，我更多考虑的是它们是不是用户真正需要的，是不是可实操、可复制的。当我真正输出对用户有价值的内容时，他们自然会更信任我，愿意向身边人推荐我。

提供额外价值

除了在内容上下功夫，我每个月还会自己付费给学员请权威讲师做直播分享，让学员从中学习和获益。我做这些，都是源于为粉丝着想的初心。

我的课程退费率极低，社群活跃度也很高。其实，这都是因为我的出发点是真正地帮助学员，而不是想着怎么让他们继续付费。这也使得他们更信任我，更愿意参加我的其他线上、线下课程，会主动复购。

我一直觉得，这些精准粉丝也会成为我的 KOL，就像探店视频一样，当一群人说一家店非常好吃时，这家普通饭店就有可能变成一家网红餐厅，会有更多用户来跟风品尝。如果能够借用精准粉丝的主动性和大众用户的从众心理，就可以获取更多流量。

我始终相信"非凡努力成就非凡成绩"。从做流量的第一天开始，我每天凌晨3点睡觉，坚持每天工作17小时；每个月只有1天，我会暂停自己的直播。

我也不像其他操盘手一样有合伙人，从短视频到直播，从公司管理到商业模式的搭建，都是我一个人完成的。我并不觉得做这些有多了不起，而是相信这是通往成功的必经之路。

群体心理对流量的影响

所谓群体，是人们以一定方式的共同活动为中介而组合成的人群集合体。群体心理学，则是研究结成群体的人们的心理现象、心理活动的社会心理学分支。

社会群体生活是人们的基本生活方式，人们在社会生活中的群体心理，就成为社会心理学研究的主要组成部分。我们做流量，也同样需要研究人们在社会生活中的群体心理。

下面是我给大家列举的几种比较常见的群体心理。

丑小鸭变白天鹅

大家都喜欢看丑小鸭变白天鹅的故事。所以在塑造人设的时候，哪怕你是从白天鹅变成了更美的天鹅，也要尽量去展现丑小鸭成长的故事。因为大部分人都是丑小鸭，不容易成为白天鹅，如果是白天鹅变成更美的天鹅，这个故事就与用户无关，自然无法吸引流量。但是丑小鸭的成长故事会让用户觉得"他之前比我还惨，现在这么成功，我也行"，这种能够让用户共情的成长故事，往往更容易得到用户的关注和互动。

完美男友、完美女友

在打造 IP 的时候，可以塑造一些现实生活中不存在的形象，比如完美男友和完美女友，这是男人、女人都爱看的。不管是在抖音、快手、小红书等短视频平台上，还是在电影、电视剧中，都会出现这样的形象。这是因为大众想看他们，对他们抱有期待。他们的出现，符合大众的心理需求。

在现实生活中，基本没有这样的完美形象。婚姻或恋爱中更多的是柴米油盐酱醋茶，磕磕绊绊，吵吵闹闹，这才是常见现象，这才是生活本身。所以，有的时候，脱离生活的美好形象更容易吸引流量，因为那些形象是人们所憧憬的，可以满足人们的心理期待。

追求真实性

一般来说，真实的 IP 人设会比高高在上的完美人设更加稳固。你越真实，用户越愿意相信你，越会想保护你。反倒是对极尽包装之所能，拼命把自己地位抬高的人，用户会更加苛刻。

因为一些用户本身生活过得不太顺心，所以更愿意去保护那些和自己一样的或是不及自己的人。如果你天天住豪宅、开法拉利，用户对你的包容度反倒会变低。

观众在面对足够弱势的人时，更容易被激起保护欲，即便你做错了一些小事，也更容易获得谅解，因为你是一个鲜活、生动的人。反倒是包装出来的完美形象更容易破灭，因为不够真实，所以一戳就破。

有一个观点认为，网红会比大明星的热度更持久。之所以有这样的论断，是因为网红普遍比大明星更真实一些，他们给人的感觉是有血有肉的人，即便犯些小错误，观众也更愿意接受。

大明星就不一样，他们往往被过度包装，成为完美无瑕的人。在他们身上，甚至谈恋爱、结婚这种合情合理的事情，都会被隐藏起来。很多明星因为抽烟、喝酒的照片被曝光，粉丝快速地流失，甚至连演出的机会都变少了。

家国情怀

爱国情怀是每个人都有的，是一种从小就埋藏在内心深处的大爱。所以，很多人在看到赞美国家发展的内容时都会关注并点赞。当视频内容与家国情怀联系起来的时候，大部分人难以抵抗想浏览的冲动。

如果想做这类内容，可以从不同维度讲普通人眼中的国家发展。国家情怀的本质是一个群体的共同荣誉感，善用这一心理，可以更好地获取流量。

追求真善美

对真善美的追求，是人类最底层的需求之一，任何人都不能碰触这一底线。所以，绝对不能打击一个大家都认同的真善美的形象，否则会让自己受到大众的抨击。

要知道，总有一个人代表别人真善美的一部分，比如一个清澈可爱的英俊男孩。如果你站在真善美的对立面，那你自然会被认定是邪恶的、不被群体接受的。所以作为内容创作者，必须有正确的三观。

总的来说，做流量一定要顺应人性，可以制造流量，但不能利用流量进行炒作。群体心理是把双刃剑，你可以用群体心理吸引流量，成就自己，但也有可能被群体心理摧毁。

个人动机与流量的关系

动机心理学理论认为，所有的个人动机都是为了追求快乐感，而处在不同阶段的人对"快乐感"的需求和感受也有所不同，从基本需求到精神追求，再到个性化需求。掌握了人性的需求就是掌握了流量的密钥。

提到需求层次，就不得不提马斯洛需求层次理论。它是心理学中著名的激励理论，其中包括人类需求的五级模型，通常被描绘成金字塔内的等级。从层次结构的底部向上共有五层需求：第一层是生理需求，就是食物和衣服等生存所需的基本物质；第二层是安全需求，也就是工作保障、财产安全等；第三层是社交需求，也就是爱情、友谊等；第四层是尊重需求，也就是地位、威信等；第五层是自我实现需求，也就是实现理想、抱负，最大限度发挥个人能力等。

随着社会的不断进步，人们的需求在不断变化和提升；伴随着需求的变化，流量的入口也在不断发生变化。一些流量的入口之所以受到关注，就是因为人们受到个人追求和动机的影响。

从物质需求到精神需求

在物资匮乏的年代，人们考虑的大多是衣食住行、多快好省。但随着生活水平的不断提升，人们越来越在乎精神层面的愉悦，追求愉悦的个人动机最终组成了群体动机。群体动机一旦形成，流量就会源源不断地涌入，围绕这些动机而生的行业也就更能吸引流量。

比如教人唱歌、吹陶笛等的账号很受欢迎，是因为有些人生活和工作的压力很大，经济状况不理想，渴望获得精神上的放松和愉悦。B站①这种趣味性长视频平台之所以能火，恰恰是因为它满足了年轻人的一些精神需求，能够走进用户心里。短视频便于呈现生理需求，而长视频更适合展现精神需求。比如抖音，现在也在支持长视频的创作，因为大部分人的个人动机，已经从比较浅层的"吃得饱，穿得暖"的生理需求，进阶到了如今希望生活更浪漫，希望自己的歌声更

① B站是弹幕视频网站哔哩哔哩（bilibili）的简称。

好听，希望能穿得更有品位这种精神层面上的需求。

所以，在许多平台上，这些看似无用的东西反而更能获取流量。这种现象的出现，并不是说明无聊的人越来越多，或者说用户越来越追求虚无缥缈的东西，而是因为人们的个人动机跟之前相比层次提升了。

尤其对新一代的年轻人来说，他们基本没有经历过物资匮乏的时代，他们的物质需求早就得到了满足。所以，他们会越来越追求精神上的满足。

个性化需求

现代社会的许多年轻人个性独立，追求自由。他们的精神需求不再单一，对个性化的需求有了更加强烈的渴望。所以，在做流量的过程中，满足用户个性化的需求是获取流量的重要方法之一。

以短视频行业为例，我现在越来越鼓励大家去做一些垂直细分的赛道，一些小的赛道，其实是有很大机会的。因为小赛道的竞争力小，更有可能在这一赛道里做到头部，有更多收入，所以我才会鼓励大家做自己擅长的垂直细分小领域。

如今是个性化的时代，很多人的个人动机都极具个人特色，有很多赛道可能是人们想都没想过，在生活中完全没有接触过的。

比如，有一个赛道叫"宠物啤酒"①。在很多人的意识中，宠物是不能喝啤酒的，但是这种专门做给宠物喝的啤酒，可以让宠物更快乐。这个很多人都完全没听过的赛道，每年收益都高达千万元。一个作家在直播间里一言不发，只是默默敲键盘、写稿子，看上去他没有提供任何价值，可是他的每场直播都有一万多人观看。在直播间教人写汉字，很多人会觉得难以想象，因为潜意识里觉得中国人都会写汉字，但是很多老年人确实不会写汉字，这就是一个少有人关注的赛道，这个赛道不仅能获得流量，还很正能量。到一个陌生的城市，可以找一个当地的导游，带你领略风土人情。这些垂直细分的赛道，是之前不存在甚至很多人想都不敢想的。但是它们满足了人们的个性化需求，激发了个人动机。

在互联网时代，任何人都可以在自己的优势领域发挥价值，都可以吸引到认可自己的人，成为自己小圈子里的小IP。而且，随着个人动机的变化，会有更多新的细分赛道出

---

① 一般都不含酒精且在兽医和动物饮品专家指导下制作。

现，就看你能不能发现需求，能不能激发别人的个人动机。

流量发展的趋势表明，商业机会只会越来越个性化，能够满足个人动机的赛道和机会，才更能受到用户关注，进而吸引巨大的流量。在传统营销模式中，实体店只能覆盖附近几公里的用户，但线上营销可以在数亿人中迅速选中合适的人群进行推荐，这是线下营销无法做到的，这就是流量的魅力。

从物质需求到精神需求，再到个性化需求，是时代发展的趋势。从本质上说，趋势是由个人动机推动的，甚至可以说，满足个人动机就是打开流量入口的关键所在。

第二章
人们关注什么

流量大多聚集在热点上

所谓热点，是指比较受广大群众关注和欢迎的新闻或信息，或者是指某时期引人注目的事件或问题。

大家同时关注，就会形成群体心理，能满足大多数人的心理需求，流量自然而然会被吸引过来。所以，流量大多会聚集在热点上，这不是什么新鲜事。

对做流量的人来说，能紧跟热点，甚至是自己能够创造热点，那就找到了开启流量大门的钥匙。

下面，我要分享几个常见的热点类型。

与名人相关的冲突事件

一般来说，名人都自带流量。越是知名度高的名人，受到的关注越多，也越容易成为热点。

比如，某明星出车祸，一时之间带起了很多热点话题，比如驾驶安全、汽车质量、儿童安全座椅、酒驾、系安全带等。

实际上，国内每年发生的交通事故有几十万起。为什么其他事故没有引起这么多的关注和讨论？原因很简单，因为有名人参与其中，才让这个事故很快成为热点事件。对大多数人来说，"看热闹"心理是难以绕开的，大家喜欢关注冲突，尤其是与名人相关的冲突。

国家大力倡导的事件

国家大力倡导的政策方向，是符合大多数人的利益需求的，所以很容易引起大家的关注。

大家之所以如此热衷于国家大力倡导的事件，一是因为这些事件与他们的切身利益相关，二是因为民众都是有爱国情怀的。几乎每一个中国人都坚守一个理念，那就是"国家兴亡，匹夫有责"，大家都相信国家大事与自己有关。

当大家对这些事件的关注度足够高的时候，它们就有可能成为热点。

生活中比较少见的事

所谓"物以稀为贵"，人们总是喜欢追逐稀缺的东西。所以，那些生活中比较少见的事件也很容易成为热点。

比如，有一个社会热点是"飞天小粉猪"。小猪气球随处可见，但是一位卖气球的商家把一个个粉色小猪气球串起来，再一层一层摞起来，最终呈现的画面是憨厚的老大爷骑着自行车，自行车后排带着一大摞飞天小粉猪，像是动漫里的画面。人们从没看过有人这样卖气球，这件事迅速在网上传开，并上升为社会热点。这种显著的稀缺性，很轻松地就吸引来一大波流量。

这类事件，往往能够满足用户对稀缺性的心理需求，在做流量的时候，一定要学会运用这种心理。

了解了几种常见的热点类型后，我们应该如何利用热点吸引更多流量呢？

一般来说，按照热点事件的发生过程，可以分三个批次去跟随热点。

第一批次，唯快不破，及时发表观点

对于热点事件，只要你发表得够及时，简单转述就能获得巨大的流量。因为在事件发生的第一时间，每个想了解这一事件的用户都会去各个平台搜索，如果你能赶在其他人之前发表，用户自然会优先跟你发生互动。

以前面提到的明星车祸事件为例，第一时间发表这一事件的账号只是简单转述了"某某明星出车祸了"，就获得了超过 40 万点赞量。所以一定要记住：热点面前，唯快不破！

第二批次，少说废话，从与自己相关的角度输出观点

如果你没能赶在第一时间跟上热点，那就需要通过观点来获取流量。

在输出观点时，要注意保护好自己的人设，表达正向价值观的内容，不要胡乱跟风。为了热点而哗众取宠，甚至破坏自己的人设，是不可取的，也是在内容输出时需要多多注意的一点。

还有一点需要注意，作为第二批分析热点的人，不要过多阐述事件本身，即少说废话。要知道在事件发生一段时间后，大多数人已经了解了事件的来龙去脉，赘述只会让用户不耐烦，所以，你只要直接表达自己的观点就好。

最后，在表达对热点事件的观点和看法时，要找到跟你

的人设有关的角度，这样会让你的观点更加真实。那些与自己毫不相关的内容和观点，即便能吸引到流量，也是没有价值的流量，也就是我常说的垃圾流量。

第三批次，发表完全不同的新观点

如果前两个批次你都没有赶上，热点也已经过了相当长的一段时间，那你就需要找一个新奇的、与众不同的角度去发表观点。

曹雪芹写的《红楼梦》，多年来一直都是热点，直到今天，依然有很多人从不同的角度去解读它。有的人会解读其中的爱情、职场、经济、政治，有的人会研究其中的饮食，有的人会解读人物特质，有的人会解读服装特色。可以说，几乎每个可以解读的角度，都已经被别人采用过。可是，"一千个人眼中有一千个哈姆雷特"，如果你能从一个新奇的角度去解读《红楼梦》，说不定就可以吸引别人来关注。

总的来说，只要做到"快、准、新"，几乎所有的热点你都可以轻松驾驭。

福利带来流量的心理密码

在流量平台上，很多人会通过发放福利的方式获取流量，可是，有些人明明已经发了福利，但是不仅没有获得流量，反而得到了用户的差评。究其原因，是没能掌握发福利的技巧，踩进了某种陷阱之中。

下面，我要跟大家分享几个发放福利的注意事项。

选择用户真正想要的福利

发放福利的时候，最忌讳的就是自娱自乐。如果一个福利只是你自己觉得好，但是对用户毫无用处，它就不是用户想要的，自然无法吸引流量。

而且，发放的福利要跟 IP 自身人设相符。一个做短视频培训的人，选择的福利应该是个人定位咨询，而不是一瓶啤酒、一箱牛奶；美妆博主可以给用户送口红、香水，但不能贪便宜去送堆在自己家里没人吃的酱板鸭。虽然啤酒、牛奶、酱板鸭都是有价值的，也都是很好的福利，但是不应该由短视频培训博主和美妆博主来送。这就是所谓的"福利对了，但人不对"。福利与 IP 定位不相符时，用户不仅不会给出好的反馈，还会觉得你很奇怪、很吝啬，有可能会损害你的品牌认知。

敷衍的福利不如不送

很多发放福利的人，态度很敷衍，福利更敷衍。他们觉得只要发了东西就可以，可是在用户眼中，并不是所有的东西都能算作福利。

太敷衍的福利不仅不会带来流量，还会损害你的人设，让用户不愿意跟你产生互动。

假如，你把最没有用、根本卖不出去的东西当成福利送给用户，用户会觉得受到轻视，这无形中就会伤害他们对你的信任。只用利己思维做福利的话，最终的结果只能是伤人伤己。

只有那些高质量的、用户需要的福利，才能成为很好的"钩子"，对用户消费起到引导作用。所以，福利的内容和体验应该是更高级的，这样的福利才是用户期待的，才能增强用户黏性。

及时发放福利

一旦承诺了要给用户福利，就一定要及时发放，千万不能拖延。很多用户本来就是为了福利而来，如果得不到，他们会很失望。

言出必行，是增加信任感的前提。不兑现承诺会伤害自己的口碑，也会损害用户的信任度，让好事变成坏事，还不如不做承诺。

实际上，很多人在发放福利时，希望的都是用最小的成本获得最大的流量。这种心理是可以理解的，只不过很多人都不知道怎样才能做到这一点。

成本低，收获感高

想要用小成本换取大流量，可以去做对你来说成本极低，但对用户而言有价值的事。

比如，我送一套价值 2000 元的课程给用户，我的边际成本是很低的，但是对于用户来说，从这门课里能学到的知识和经验是非常有价值的。

再比如，我送给用户一个参加线下培训课的名额，价值4000元。用户可以现场提问，链接人际资源，并且学到更多技巧，对他们而言，这也是收获感极大的福利。

这些福利，都是成本低，收获感高的。但如果我承诺给用户送定制版文案，那我就会有很大的负担。给成百上千的用户写文案，是一件非常耗时、耗力的事，还不能给用户太多收获感。

除了知识赛道，其他赛道也有很多成本低，收获感高的福利。比如，探店博主可以和餐厅达成合作，所有粉丝到店里吃饭都可以打八折，这样餐厅的人流量会变多，粉丝吃饭省钱，博主也不需要额外付出成本。美妆博主可以选择品牌方赠送的化妆品作为福利，既给品牌方做了宣传，又给了粉丝实实在在的福利，自己也不需要负担成本。

类似的选择福利以及发放福利的方式，在很多赛道都可以借鉴。善于做流量的人，对此是非常敏感的。

制造紧迫感

在现实生活中，在某段时间内所拥有的资源数量不能满足欲望时，人们就会产生紧迫感。也就是说，通过给福利设置限时、限量的标签，是可以给用户带来紧迫感的。

限时与限量会让用户产生危机感，他们很担心自己得不到这些可以免费获取的福利。当用户的这种情绪被调动起来时，他们会更愿意参与互动。因为他们会觉得自己绝对有机会获得福利，如果不参加会很遗憾。

在我看来，活动日、生日、节日之类的特殊时间，是发放限时福利的好时机。比如"今天我生日，随机送 30 本书"，类似这样的福利能够让流量最大化。

制造意义感

物品的价值都是有限的，但是一旦给物品加上故事、标签、品牌属性，这个物品就会更加有意义感。比如，名人生日专场的签名版口红和普通口红，虽然是同一品牌、同一色号，但是对用户的意义完全不同。有品牌属性的福利具有稀缺性和定价权，对用户来说也更有意义。

福利能够带来流量是毋庸置疑的，如何利用福利带来流量则是很多做流量的人必须思考的问题。以用户为中心，把用户想要的东西送给他们，才能调动他们的积极性，让他们带来流量。

爱美背后的心理需求

爱美之心，人皆有之，比如大家都爱看美女，这种追求无可厚非。事实也证明，美丽确实可以形成一种经济。

那么，爱看美女背后究竟反映了用户的什么心理呢？

追随心态

很多人喜欢看美女，其实是出于追随的心态，毕竟多数人都希望自己变得更美，一些美女身上，有追随者想要成为的样子。所以，他们会关注美女，希望自己也可以变成美女的样子。

人的本能

人对美的事物有天然的渴望，这是人的本能。看到美丽的事物时，人们会觉得赏心悦目，得到心理上的愉悦。无论是美女，还是美食、美景，都能给人带来心理上的满足。

流量需要美女，美女也需要流量。那要怎么利用美女的形象优势带动流量呢？

日本知名设计师佐藤可士和有一个观点。他认为，无论在哪个国家，人们看到美好的东西的感受都是一样的，会本能地欣赏美好的东西。也就是说，对于美好的东西，一个有品位的人会喜欢，没有任何审美常识的人也会喜欢。

但在美女并不稀缺的时代，只凭美貌并不一定能获取流量，因为真正稀缺的是"美女+"。

有些人虽然长得很美，但是她们的美没有特点，这样的美女在平台上数不胜数，用户的可选择性很大，无形中就分散了流量。所以，想要更多地获取流量，就要尝试更多的可能，为用户提供更多的东西。

如果能在满足用户爱美需求的同时，向用户展现更多的特质，那么无疑会引来更多的关注。在"美女"这个标签之外，向用户展现更多"+"的标签，就是我所说的"美女+"。

比如，一个女孩长得很好看，加上会钓鱼，直接就把美貌打入一个主要是男性的赛道，因此更容易获取流量；一个长得很美的女孩，又会骑摩托车，那就能把美貌打入一个竞速赛道。

为了让大家更好地理解这个概念，我们可以举个小例子，比如，在体育界，有很多长相甜美的运动员，她们的标签可以是"美女＋奥运游泳冠军""美女＋奥运滑雪冠军""美女＋奥运体操冠军"等，像她们这样的美女，在美之外还有更多的标签，一定比一般的美女更具稀缺性，自然也更容易获取流量。

当然，这个流量密码不止可以用在美女赛道里，只要是被人欣赏的美的事物，都可以用来吸引流量。

很多人参与的宠物赛道，也是利用了人们爱美的心理。一个美女可以得到 100 万点赞量，一只很可爱的小猫也可以有 100 万点赞量。

举个例子，有的博主在起号阶段，上传的所有视频的第一个镜头不是本人，而是一只很可爱的小猫。这些视频能够获取流量，是因为用户看到可爱的小猫会觉得治愈心灵、美好、可爱，也从底层满足了人们想要获得快乐感的心理需求。

一些专门拍摄并发布美景的账号持有者，会特意在国外拍摄一些我们平时不容易看到的美景，这些美景视频让只能在办公室工作的人们心驰神往，并点赞、收藏，由此带来巨大的流量。

　　有的内容创作者会拍摄在世界各地吃美食、喝美酒的内容，这也能在很大程度上满足用户的精神需求，从而带来流量。

　　美好的事物往往可以治愈人的心灵，所以深受人们喜爱。只不过，很多做流量的人觉得，自己无法做到四处游走，随意吃喝，所以不敢触碰旅游这个赛道。实际上，美是无处不在的，我们要做的不是四处去寻找美，而是发现生活中的美。

　　你在街上看到一位中年男士，他的身旁放了一个蛋糕，哪怕他脏兮兮的指甲里全是泥，旁边的蛋糕也是崭新的。他可能准备把这个蛋糕带回去送给他可爱的女儿，给她过一个生日。这就是一个非常温馨、美好的场景，你把这个场景拍成照片发出来，说不定依然能有 100 万点赞量。这是为什么？因为这张照片能够治愈我们的心灵，它就是美好的代表。

　　上学的时候，我的老师经常说一句话："生活是很美好的。"那为什么有些人能够拍出美好的照片，有些人却拍不出来？这是因为有些人没有发现美的眼睛。他们不会从身边的美入手，偏偏觉得一定要买票、坐车，特意跑去某个地方拍出来的，才是美好的事物。

　　想运用美好的事物去获取流量，必须牢记一点：我们要做的是发现，而不是寻找。发现生活中那些看似平常的东西，然后把它们的美好拍出来，给世界上更多的人欣赏，让别人感受到身边未曾留意的精彩，你自然能够获得流量。

冲突如何激发流量

人和人之间产生冲突，或者是因为价值观有所不同，或者是产生了利益方面的分歧。大到国家与国家之间的战争，小到普通人之间的争吵、打斗，几乎都逃不过这两个原因。

关于冲突，我曾经说过一句话："冲突等于渴望加阻碍。"什么意思呢？ 就是你渴望去做某件事并从中获得某些东西，可是在获得的过程中，你遇到了很多阻碍，于是冲突产生了。

举个例子，一个说车账号的号主，他在视频开头会说"我想 20 万买一辆宝马车"。买宝马车是渴望，但是以这个价格买不到他想要的宝马车，这就形成了阻碍。这样的视频结构就能呈现最简单的冲突。前面说过，冲突是能吸引眼球的，往往是带来流量的法宝。

为什么大家都爱看《西游记》？ 很大一部分原因是师徒四人在西行路上经历了九九八十一难，其中的波折和冲突吊起了我们的胃口，让我们很想一直看下去。

换个角度想一想，如果孙悟空乘着筋斗云，带着唐僧直接到了西天，顺利地把真经取了回来，那也就没有这部名著了。还有很多武侠小说或者电视剧，剧情往往都是一个少年渴望成为英雄，经过重重困难，一路磨炼自己，最后梦想成真，成为天下第一。这些都是经典的"渴望加阻碍"的模板，有冲突和曲折，才能抓人眼球。

所以，在创作短视频内容时，可以像《西游记》一样，把用户的渴望尽量投射到作品中。每个人内心都有渴望，你要做的是把能够满足大众需求的渴望挖掘出来，比如，渴望获得财富、渴望爱情、渴望成功、渴望变得更好等。这些渴望是大部分人都感兴趣的，如果能把它们投射到你的故事中，然后给渴望加上一定的阻碍，不断地制造冲突，就能够吸引眼球，获取流量。

那么，冲突会受人们关注的心理原因是什么呢？

与我相关

人们会关注冲突，首先是因为感觉它与自己有关，想看看别人是如何处理冲突的。

大家之所以愿意关注成长、关注美女、关注暴富，是因为这些都是用户所憧憬的。你处理的冲突涉及的人群越广，就越容易火。

凑热闹

有一些人喜欢看冲突，单纯出于凑热闹的心理。街上有人打架，可能和他们毫无关系；同事的八卦①对象也和他们毫无关系，但他们就是愿意凑热闹，以此排解无聊的情绪。

这类冲突并不像第一类"与我相关"的事件一样和用户有强关系，但可能是少见的，或者是能打破常识的，所以即便与用户没有关系，冲突本身的矛盾感也很容易吸引眼球，带来巨大的流量。

既然冲突这么引人关注，那我们应该如何利用冲突获取流量呢？

首先要告诉大家的是，冲突包含了很多维度，包括人与人之间的冲突、人与组织之间的冲突、组织与组织之间的冲突、国家与国家之间的冲突等。一般来说，因为双方的需求无法同时被满足而形成对立，这种对立带来了冲突。在冲突

---

① 八卦，指对别人的隐私感兴趣。

中，有矛盾和碰撞，有难以预料的结果，这种未知性，是引起用户关注的重要因素之一。风平浪静的状态，跟大多数人的生活状态相似，过惯了这种生活的人，往往不会对这种状态有兴趣。

大家都知道，冲突是不正常的，它脱离了常态，让很多理所应当的事情变得矛盾重重。可是，有很多人因为自己生活在常态之中，反而有打破现状的冲动，所以对冲突格外有兴趣。

那么，在如今这个流量社会，该如何用冲突获取流量呢？最简单的方法，其实就是利用我前面提到的"渴望加阻碍"。具体来说，可以根据冲突的大小分成两种情况。

大冲突

这里讲的大冲突，其实是从整体层面来讲的。在大冲突上，一定要有愿景和成长过程，讲好 IP 故事。

比如，特斯拉首席执行官埃隆·马斯克说"我要探索火星，拯救人类"，这是他的愿景，虽然人们至今没有成功登陆火星，但这并不妨碍他受人追随，有越来越多的人愿意加入他的行列，去完成共同的愿景。

所以，想讲好故事，就要先把你的愿景说出来。你是什么人不重要，重要的是你想成为什么人。对别人来讲也一样，你的愿景比你最后怎么样更重要，因为大家会跟着你一起体验成长的过程，体验一场成就自我之旅。一个IP持有者，如果所有人都希望他能成功，那他就是非常成功的。

小冲突

这里的小冲突，其实是指细节层面的东西。

比如，在创作单个作品时，可以在每一条文案、每一个脚本中找到合适的机会制造冲突，针对用户"与我相关"和"凑热闹"的心理，用"渴望加阻碍"的方法，完成内容创作。

不过需要注意的是，如果你的IP的流量是被大众捧起来的，这其实也是一件很危险的事。水能载舟，亦能覆舟，这类IP的人设一旦有一点不符合大众期待的地方，就很容易被流量"抛弃"。

口口相传背后的心理学原理

有些事情人们愿意口口相传，一般有两个原因：第一个原因是这些事情提供了价值，人们从中获得了良好的体验，有满满的收获感；第二个原因是人们被多次灌输，被迫记忆。

很多人都理解不了，为什么看到一些广告时自己会不由自主地说出广告语。明明没有刻意记忆这些广告，却记得无比深刻，甚至在潜移默化中对它们有了莫名的认可。

在心理学上，有一个叫"多看效应"的原理，说的是人们对越熟悉的东西就越喜欢。实际上，很多广告商就是把简单的东西不断地重复，在用户脑子里制造超级符号，让他们形成记忆。

在生活中，其实就有很多超级符号。它们本身就具有一定意义，要求人们按照其指示进行活动，例如红绿灯、指示牌。

这些符号悄无声息地融入我们的生活，有些时候我们甚至不需要思考它们为什么存在，就会不由自主地按照它们提示的信息行动。

在创作内容时，我们同样可以借用超级符号，让用户帮我们口口相传，带来更多流量。一般来说，我们可以从以下几个方面入手。

形象

在形象上制造超级符号，有个简单的做法，就是在用户面前不断地出现，这样就很容易被记住。

一般来说，简单的形象更容易被记住，但也可以在有真实感的形象设计上增加一些大的标志，以此加深用户印象。

比如有个账号的号主，她每个视频都穿一件黄色卫衣，两年来一直不变，用户就很容易记住她。有记忆点的脸、有记忆点的衣服，都能给用户留下深刻的印象，而且使用这种固定的形象能够减少传播成本。

在设计形象时，你不需要试图改变自己的长相，可以从装扮上入手。假发、帽子、衣服等，都是可以加深记忆点的东西。

比如，你在拍视频时穿件红衣服。当然，重要的不是红衣服本身，而是一直穿这件红衣服，它就是你的记忆符号。

如果你在拍视频的过程中穿红衣服拍了 30 期，某一天拍摄忘带红衣服了，就随便穿了别的衣服拍了几期，那么你后面再穿这件红衣服，效果也不会太好了。

声音

除了视觉上的超级符号，听觉锤[①]也能给用户留下深刻印象，所以你一定要设计自己的口号。你可以参考很多洗脑广告词，要相信所有爆款都是可以重复的。

比如"怕上火，喝王老吉""铂爵旅拍，想去哪拍就去哪拍"，我们能够记住它们，不是因为它们用了什么高深的方法，只是因为它们重复一句简单的广告语。当然，听觉锤还包括一听就能认出来的笑声、固定的背景音乐等。

具体来说，听觉锤的设计应该遵循下面几个原则。

和产品相关

举例来说，我是做短视频培训的，所以我的口号是"相

---

① 听觉锤，指通过不同的声音将信息植入用户的大脑，就像用锤子钉钉子。

信爆款是重复的"，用户在需要学习短视频的创作方法，想要做出爆款内容的时候，就会想起我。当然，我也可以去喊网上很火的口号"来了老弟"，但这和我的产品无关。而且在说和内容相关的口号时，一定要说出用户的心中所想，而不是一些高深的、自娱自乐的、难以理解的句子。

简单利于传播

我们在前面提到，简单更便于用户记忆，更有利于传播，比如"恒源祥，羊羊羊"。

不断重复

在平台、电视等所有能够发声的地方重复你的内容，这样做就是为了覆盖，比如，你前面有 1000 万人，你需要让这 1000 万人脑子里不断重复你的口号，攻占他们的大脑。

语言的传播力是非常巨大的，所以你需要设计一个口号。比如，我一直说"相信爆款是重复的"，我一直喊这句话，刚喊了三四个月就很有效果，所有视频观众，甚至很多没有看过我的视频的人都知道这句话。

而且，我靠这句话结交了差不多 100 个网红，他们听到这句话，就觉得我很懂内容，因为这正是他们心中所想的那句话。

设计一句非常简单的口号，然后不断地重复这句口号，人们就会记住你，甚至还会去帮你喊口号。

动作

设计一个简单的动作，并在你所有的视频中不断地重复这个动作。比如，我们前面提到的说车账号的号主，他在每个视频开头都会说一句"今天我们去哪儿开什么车"，同时做一个固定的动作。

在他刚火起来两个月的时候，很多人在北京碰到他，根本不知道他叫什么，但看到他的第一句话都是："哎，你是不是那个？ 就'我们去哪儿开什么车'？"而且会模仿他的动作。

要知道，视觉传播力也是很强的，他总是重复这个动作，在不断重复的过程中，用户就记住了。所以他才能做到人还没红，动作就先红了。

你想做大流量，也可以去设计一个动作，并不断重复这个动作。我之前在自己的视频里无意中做了个动作，评论区就有人说："你在后面比画什么呢？"我就意识到用户对这个动作是有印象的，无论这个动作好不好看，都没有关系，只要用户有印象，我就会不断重复这个动作。

在这之后，每个视频中我都会做这个动作。有人在评论区说"我就喜欢看你后面这个动作"，也有很多人在评论区说"你这个动作太尴尬了""你后面这个动作真的好丑"等，但是这都无所谓，我要的是用户印象，而不是对这个动作的好与坏的评价。

所以你要去设计一个动作，然后不断重复它，加深用户对它的印象。这样用户对你的印象也会变深。

想让用户给你传播，首先要让用户对你产生深刻的印象。无论是设计形象，还是声音，抑或动作，目的都只有一个，那就是让用户记住你。

互惠原则不可违背

所谓互惠原则，其实就是互惠互利。别人为你做了事情，给你提供了价值，那你也应该以相似的方式或行为给别人相应的回报，反之亦然。遵循这个原则，可以让人们答应一些在没有欠人情时一定会拒绝的请求。

不管在什么时候，只有你帮助过别人，别人才更愿意帮助你。而帮过你的人，往往会愿意再帮你一次。用户在你这里花的钱越多，就越想花钱；在你这里花费的时间越多，就越想为你付费。

做流量也是一样，让用户得到实惠，他们才愿意追随你。要记住，利他是最大的利己，愿意付出的人才能做好 IP。

分享有价值的内容

千万不要愚弄用户，不要以为随便讲讲道理就能获得流量。用户都是真实的人，要毫无保留地给他们讲干货，才有可能获取流量。

如果想把流量做起来，就要认真总结你所在行业的规律和经验，努力输出对行业新人有帮助的实用方法。想象一个这样的场景，你正走在大街上，突然告诉别人一件对他有帮助的事，他是愿意听的；但你告诉他一句他已经知道的废话，那他肯定是不愿意听的，甚至还会觉得你不正常。

一些人之所以没流量，火不了，主要是因为他们输出的内容对别人没有任何帮助。这些人喜欢把真正有用的知识藏起来，不跟用户分享，觉得用户必须付费才能学到真东西，必须付费才能获得价值。

这种想法其实是错的，每个人都应该毫无保留地把有价值的东西分享出来，然后做一个付费课程，给用户一个总结、梳理好的产品。分享得越多，分享的东西价值越大，能够获取的流量就越大。

抢占用户的时间、精力

别人帮了你一次，就会愿意再帮你一次。这是毋庸置疑的，因为人们有惯性心理。同样，用户在你身上花费的时间越多，感情就越深；花费的钱越多，信任度就越高。

想让用户在你的账号上停留更长时间，对你产生更多信任，很重要的一个方法就是让用户向你小额付费，而且付费之后要花时间去看你的课程。如果他能花 3 小时把你的课程看完，就已经和你建立非常强的连接了。试想一下，一个人趴在自己家里，听一个陌生人给他讲 3 小时的课，并且把这个陌生人的知识灌输到自己脑子里，这是多大的认可啊！ 他一旦开始认可你，就会再次向你付费，购买更高价位的产品。

要知道，一个只会关注和点赞的用户可能会骂你，一个给你付费 9.9 元的用户也可能会骂你，但是一个交了几万元学费跟你学习的用户是绝对不会骂你的，因为他对你抱有高度认可的态度，否则也不会在你身上花那么多钱。

那么，具体要怎么做才能抢占用户的时间、精力呢?

优质的内容是基础

只有好的内容，才能吸引用户。如果你的短视频和直播的内容都是泛泛而谈，没有干货和知识，那用户是不会主动迈出和你连接的第一步的。

学会运用漏斗思维

想要获取用户，吸引流量，一定要有漏斗思维，你可以用"钩子"类的低价产品（就是我们上面提到的小额付费）

留住用户，之后再做更高价的产品，吸引用户购买。

要深耕用户

要知道，一个高价值用户背后可能站着 10 个，甚至 100 个潜在用户。高价值用户不只会为你付费，还会给你带来更多用户。所以，绝对不能抱着用户已经买了产品，就不需要重点维护的心态，而是要用心地为用户做好后续服务。这样，这些高价值用户才会对给你付费这件事越来越积极。

我们可以看到，很多善于做流量的人，有的时候在直播间对老用户的上心程度要比对新用户更高一些。这是因为他们懂得深耕用户，知道这样做才是最节省成本的。

抢占用户时间、精力的核心所在，其实是用利他思维获得用户认可，建立更强的连接。这就跟谈恋爱一样，只有不断产生连接，不断让对方在你身上花费时间和精力，两个人的关系才能越走越近，越来越认可彼此。

品牌和人都要有故事

一般来说，用户在和你产生情感共鸣后，会更容易信任你。如果你能让用户讲出几个你的故事，就证明你做的 IP 是成功的。

一定要有故事，才能让别人更加喜欢你，更加了解你。

只有你的人设更立体，用户才会对你更加有印象、有感情。

我们可以看到，不只是个人 IP，其实所有能够被人记住的品牌都不是冷冰冰的，都是有品牌故事的。

比如"认养一头牛"这个品牌，它为什么能从那么多的牛奶品牌中脱颖而出，迅速火起来？就是因为它给大家讲了一个动听的故事："我为我女儿专门做了一款牛奶，如果你也想喝，可以过来购买。"

一位老父亲给自己女儿做的牛奶，一定是安全的，这满足了用户的安全需求；这个品牌还讲了一个温馨的故事，让用户感受到了温暖。一个既安全又温暖的品牌，自然会让用户更喜欢、更信任。

香奈儿品牌流行了上百年，也是因为它有理念，有故事。这个品牌的背后，其实展现的是一个女人的传奇人生，而且，直到现在，创始人可可·香奈儿的传记还在售卖。所以，这个品牌能火是有道理的。

打造 IP 也是一样的，一定要有自己的成长故事，要把自己的故事讲给用户听，用户听后对你产生了共鸣和认同，觉得你的故事给他们带来了价值，满足了他们的某种心理需求，他们才会更加喜欢你。如果一个用户能够记住你的七八个故事，就说明他真是你的忠实粉丝。

　　想让用户在你身上投入更多时间和精力，就一定要懂得遵循互惠原则。你给用户提供的价值越多，他们对你就越信任，给你带来的流量也就越多。

第三章
定位

稀缺性对定位的作用

稀缺性的重要性和表现形式，在前面已经讲过一些。借助稀缺性来获得流量，也是很多做流量的人常用的方法之一。

在做账号定位的时候，稀缺性也是需要重点考虑的因素。它和内容的稀缺性，有相同的地方，也有不同之处。

那么，具体如何发现定位的稀缺性呢？

通过上帝视角做定位

用上帝视角做定位，就是要跳出你所在的这个行业和赛道去做行业调查，看整个赛道是什么样子的，都有什么样的人，你以什么样的姿态进入这个赛道才能区别于其他人。在不稀缺的赛道做稀缺的人设，这是在你自己身上找到稀缺性的方法之一。

比如，机车赛道里帅哥很多，但是少有女孩子玩机车，你就可以打造一个"机车女神"的人设。包括我自己，知识类博主里少有像我这样的小女孩形象，所以我做知识类博主，也具有差异化和稀缺性，自然就更能获取流量。

让观众参与你的人物设计

还有一个发现自己稀缺性的方法，就是让观众参与你的人物设计，最直接的做法就是多看看自己的账号评论区。

有人说你是全平台最搞笑的；还有人说你是全平台最高的。这些评论都可以帮你找到自身的闪光点，或者你自己看不到的差异点。

从这些反馈中选出最适合你的差异化因素并将其放大，就能让它成为你的稀缺性。

之所以让观众参与创作，是因为人是很难看清自己的。我们的眼睛总是向外看，可以把别人看得很清楚，却不容易看清自己。所谓"当局者迷，旁观者清"，自己看不清自己的时候，就让观众来帮忙，这是一个很好用的方法。

通过强关系评价做定位

除了上面的两种做法，还可以通过身边朋友的评价来寻找自己的性格特点。这个方法适合刚刚开始做流量，还没有多少粉丝的人，可以先收集强关系的朋友给出的建议。

以我自己的定位过程为例，我首先通过朋友的评价选择了适合自己的方向，在做流量的过程中收获了很多用户的评价，再从这些评价中找到了自己的稀缺性。

刚开始的时候，我选择了网红拆解、商业模式拆解、品牌拆解三个方向。身边的朋友都说我的形象比较适合做网红拆解，因为我的形象让我看上去像是一个在网红培训公司工作的人，如果我去讲商业模式会显得很奇怪，很不契合。

其实，我也尝试过做商业模式拆解，但做过几期后，发现效果确实不是很好，于是坚定地采纳朋友的建议做了网红拆解，做了没多久，流量就有了明显的提升。我发现自己在这个赛道是有稀缺性的，于是继续朝这个方向去做。

在做流量的过程中，有粉丝对我的账号定位、内容、动作等做出评价，还有的指出了我跟其他博主的差异体现在哪里，我慢慢从中提炼出了自己拥有的更加精准的稀缺性。这里，就又回到了观众参与定位的层面。不难看出，这几个做定位的方法要相辅相成，彼此交融，才能让定位更稀缺，更能吸引用户的注意力。

在不稀缺的赛道里找稀缺

我所在的短视频培训赛道里，大家都在做商业项目。很多账号都在教大家怎么在抖音上获得流量，然后赚到钱，内容基本都是偏向商业化的。能够火起来的，大多是做这类内容的。

我当时就想，这个赛道竞争这么激烈，我一定要从稀缺的角度切入，才有火的可能。我是学导演的，所以在简介里写了"导演思维"，就是告诉人们我要传递的是导演思维、制作思维。人们一看，觉得我和别的博主不太一样，有导演思维的人，拍出来的东西应该不会差，所以，我才得到了更多粉丝和流量。

如果我跟其他人写一样的简介，做一样的定位，那跟这个赛道里的头部账号是没法比的，想从这个赛道出头，简直没有什么希望。我只需要在这个赛道里找到我的特质，从导演思维出发做定位。大家觉得我的课程和我这个人都别具特色，所以愿意一次又一次地为我付费。

　　总的来说，在做定位的决策过程中，我是结合自己的个人特质，通过考虑市场大环境、听取朋友建议、参考用户反馈等不同的方法去寻找、选择、强调自己的定位稀缺性。找到定位后，我还会不断强化和改进它。找好定位确实帮了我很大的忙，别人看到我的简介时，就会觉得我跟其他博主不一样，对我就有了更多认可。

选定赛道有方法

如今的流量赛道，几乎涵盖所有的实体行业。无论在线下是做什么的，在平台上几乎都能找到相应的行业。

于是，有些想做流量的人就随便选择一个赛道，一头扎进去。可是，不是所有的赛道都有流量，在决定做流量之前，还是应该选择合适的赛道。而且，一般来说，还是流量比较大的赛道更好一些。所谓流量大的赛道，就是覆盖范围广、涉及人数比较多的赛道。比如女性成长、国学、宠物、家庭教育、情感、创业等。

稍微总结一下就不难发现，这些赛道都跟人类不变的情感逻辑相关。用户永远都会有情感问题，永远都想向上成长，都想变得更好。

这些基于人类不变的情感逻辑的赛道，一般来说流量都是比较大的。相对应的其他赛道，比如短视频培训，有可能只会在某一段时间比较火，用户会想去学一下，但它并不是用户的长期刚需，所以不是一个大流量赛道。

那么，在选择赛道时，应该注意些什么呢？

分析自身优势

在选择赛道时，首先要从自身出发，找到自己的优势。要知道，并不是所有的钱都能赚，你只能赚你能够赚到的钱，所以首先要考虑的就是你擅长做什么。

确定自己的爱好

衡量赛道，爱好是一个重要的标准。要考虑你的爱好是什么，因为爱好是你坚持做下去的原动力，它是非常重要的。

拿我自己举例，我之所以叫休斯，是因为我的偶像是霍华德·休斯。有人说他是一个创业者，但了解他之后你就会发现，其实他是一个理想主义者，他的成就都是源于他的热爱。他从小就想造一架世界上最大的飞机，这是他从小就有的爱好，结果，他在造飞机的过程中就赚到了钱。他从小就想拍一部世界上最精彩的电影，结果，在他追逐梦想的过程中，他又赚到了钱，甚至变成了大富豪。在我看来，他一直是一个由爱好促成成就的人，钱只是在实现成就的过程中顺便得到的东西。

所以，在选赛道的时候，一定要想清楚你的爱好是什么，然后再去做决定。

了解现有趋势

要记住，绝对不能违背市场的大趋势，否则想做流量就是异想天开。在选赛道时，要了解各种趋势，如流量趋势和平台趋势等，在综合考量后，再慎重地做出选择。

选择赛道时要考虑，哪些赛道是国家不提倡的？哪些赛道是平台打压的？想清楚后，这些赛道我们就不去碰。

比如，不要说什么"我喜欢算命"，算命是一种迷信，国家和流量平台都不提倡，选择这样的赛道必将失败。在选择赛道的时候，要先了解趋势和平台规则，再结合自身兴趣，结合赛道流量。

选择离变现更近的赛道

多去看看现在什么赛道离变现更近，什么赛道比较容易变现，尽量去做这样的赛道，这些赛道都是很容易就能检索到的。比如说减脂、短视频、好物分享等赛道，都是比较容易变现的。

结合平台规则选赛道

当你没有倾向度较高的赛道时，应该结合平台规则做出选择，被平台打压的赛道我们就远离，受平台扶持的赛道我们尽可能去做。比如平台扶持"三农"赛道，那你就可以选择"三农"赛道。

在选择赛道时，要通过优势判断，精准表述自己做的是什么类型的账号。如果用一句话说不明白你到底是什么博主，那你大概率是火不了的，因为你面向的人群太宽泛。

优势定位就是做到了极度的精准和极度的垂直。极度的精准和极度的垂直并不代表内容的局限性很大，而是指你要想清楚你要服务和吸引的是哪一类人，你要卖的是哪一类产品。IP 定位就像刀一样，你的定位越精准，刀刃越锋利，杀出重围的时候才能越迅速。

比如，很多人想在一个平台获取流量的时候，越是什么都想要，往往越是什么都得不到。因为大多数时候，不同账号的服务对象都是不同的。

只有精准的定位，才能吸引精准的用户。想通过账号流量给实体店铺做引流，只需要本地人的流量；想做招商加盟，需要吸引的就是创业者。

如果想在一个账号上同时吸引上面这两类人群，几乎是不可能的。目标人群太宽泛了，反而无法为他们提供精准的服务。所以，选赛道时一定要坚定"只赚一份钱"的心态，这才叫作极度的精准和极度的垂直。

比如，我教大家如何招商加盟。先明确一点，那就是想要获取流量，就要学会给内容增加娱乐属性。干货太多的内容，往往会把一些潜在用户筛选出去。

假设你上来就说"我是做招商加盟的"，虽然你的内容会被推广，但是能看到你内容的人会非常有限。这些人的确都是你的精准用户，但也注定了你能获得的流量是非常少的。

你要考虑的是，市场上还有一部分没有做过招商加盟的用户，也许正在考虑要不要做招商加盟。如果你只做干货内容，那么从一开始就会丧失这部分用户，你的流量低也就不足为奇了。

所以，一定不能把内容做得非常"干"，很多用户并不喜欢这样的东西。给内容加上一点娱乐属性，以轻松的形式展开，往往能得到更大范围的关注。

先锁定人群再起号

我在前面提到过，在寻找定位的过程中，应该先确定变现需求，然后锁定人群，最后才是确定内容。

为什么是这样一个过程呢？

先确定变现需求，是为了明确目标受众。确定了目标受众，也就明确了人群。再根据人群的画像，去设计相应的内容。这才是环环相扣的过程。

比如，一家蛋糕店要在抖音上做引流，它首先要考虑的就是怎么变现：如果以当地人为目标客户，那就做同城引流；如果以全国人民为目标客户，那就得做全国引流。人群确定了，才会去考虑人群的特点，再根据这些特点去做针对性的内容。

如果各个步骤是混乱的，甚至是前后颠倒的，那么定位一定会乱，账号一定做不起来。

既然讲到人群，自然会涉及人群的特点。

简单来说，我们可以把人群划分为泛用户和精准用户。泛用户可以给你带来"名"，精准用户则能为你带来"利"。在此基础上，我们来分析一下不同用户的心理特征。

泛用户

从漏斗的角度来看，泛用户只是那些刷到这个短视频的人，他们可能会点赞，但没有更多的互动，也不会继续深入产生付费动作。

但是，如果因为他们没有付费就轻视他们，绝对是不可取的。在做流量的路上，泛用户是必须要维护的，他们能起到锦上添花的作用。他们虽然不能给你带来实际的收益，但是能够给你增强背书，让你更有影响力。

把做流量想象为一个征途，在你的征途中，每进步一点，就会获得一个勋章，而泛用户就是你最重要的勋章之一。关注你的人越多，越能说明你在这个领域走过的路和获得的成就多。

精准用户

精准用户是指会产生深度链接和收益的用户，他们能够为你付费，会购买你的产品。简单来说，就是能够给你带来金钱、流量和名气的用户。

单从变现的角度来说，精准用户可以分为普通用户和高净值用户。

普通用户

普通用户会购买你的产品，但是购买能力较差，很可能只会付费一次。

高净值用户

高净值用户是指那些付费能力强的用户。这类用户在买了你的一个产品后还会继续购买。这种高净值用户，哪怕只有 1 万个，你也有可能赚到 100 万元，甚至 1000 万元。

想要吸引高净值用户，并不是一件容易的事情，缺乏特质的人是很难做到的。

一般来说，高净值用户的要求很高，也很难认可一个人。但是，只要他们认可你，就会不断地重复付费行为。而且，高净值用户需要的是价值观的匹配，他们更期待大脑产生快乐感，要吸引他们，就要和他们产生高度共鸣或者在认知上引领他们。

想要吸引他们，你本身应该具备足够吸引人的特质。比如，知识储备量足、认知水平高、有独特风格，等等。这样，你说的话、做的事、分享的日常生活才能吸引到高净值用户。因为他们和你是同类人，同类人会吸引同类人。

在自身做到足够优秀后，你就可以不断地筛选高净值用户，并和他们多多建立连接，从而达到变现的目的。具体而言，可以从以下几个方面判断对方是不是高净值用户。

是否有需求

用户的需求决定了消费欲望。要判断用户有没有需求，可以观察用户的行为，比如用户问你问题了，在直播间跟你产生互动了，这就代表他们是有需求的。

消费能力的高低

用户的消费能力，与他们的收入有着紧密的联系，高净值用户一般收入较高。

是否认可你

用户对你的认可程度，决定了他们愿意在你身上花多少钱。有的用户虽然有钱，有需求，但是他不认可你，你说的内容他听不懂，那他对你来说，就不是一个高净值用户。

多说和产品相关的内容

一定要多输出和产品相关的内容，你讲述的故事要围绕你的产品，如果你发布了很多作品，但是其中和你的产品无关的内容太多，依旧没有办法吸引精准用户。

相较于精准用户，泛用户其实是更好吸引过来的，吸引他们的方式，也是有规律可循的。

吸引泛用户其实很简单。在确定变现方式和用户人群之后，尽量多地输出比较有价值的内容，但是内容不能太"干"，对观众的认知水平不能要求太高。内容的表达方式要更加泛娱乐化，越接地气的内容传播力越强，受众范围越广，越容易吸引泛用户。

精准用户更在意质量，要求更高，他们需要的是丰富的文化内涵和统一的价值观。但是多数泛用户追求的是短平快①的快乐感，所以你要放下架子，提供更多具有娱乐性的内容。想吸引更多泛用户，你的内容最好做到以下两点。

---

① 短平快，在新媒体中指内容篇幅短、文风平实、传播速度快。

具有娱乐性

许多泛用户来看短视频时，想要的东西其实很简单，就是开心。

如果你是一个美女，他会因为你漂亮而关注你；如果你做搞笑账号，他会因为你很好笑而关注你；如果你做美食账号，他会因为你蛋糕拍得好看而关注你。

许多泛用户要的就是这么简单，这样的内容会让他们产生更多快乐感。

提供安全感

泛用户还有一个重要的需求，那就是安全感。很多泛用户都很在乎产品是不是安全可靠，你是不是值得信任。所以，只有真诚的态度和高质量的产品，才能赢得他们的信任，才会让他们付费。

人群的锁定，对起号的意义重大。定位准了，事半功倍。

如何分析对标账号

分析对标账号，是为了向他人学习，更是为了做出差异化。所以，在找对标账号之前，你要先确定自己想做一个什么样的账号。

确定了账号类型之后，就可以在平台上找一个跟你处在同一个赛道的、相似程度比较高的账号进行分析。

那么，如何才能准确地找到对标账号呢？

通过 App 找对标账号

有一些 App 收集了平台的所有账号，是很大的资源库。你可以根据自己想要了解的赛道进行搜索，你是美妆赛道的账号主就搜索美妆，主要关注近期流量数据上涨得很快的账号。如果一个账号现在有 600 万粉丝，但其中 500 万粉丝都是三年前涨起来的，说明这个账号只是三年前做得好，现在已经没有太大的参考价值了，那么这种账号就不能列入你的对标账号列表。

这种方法的问题在于，虽然能很快找到对标账号，但是因为是基于平台去找的，有的时候平台会给出错误的判断，所以结果有时不够精准。

比如，平台系统判定一个账号属于美妆账号，但它其实不是，或者它已经换了方向。

通过平台算法找对标账号

通过平台算法去寻找对标账号，是最精准的方法。但是，它会浪费很长时间，需要你有足够的耐心。那么，怎么通过算法寻找对标账号呢？

做法就是通过肉眼判断相似的账号和不一样的账号，然后跟相似的账号产生互动行为，比如点赞、评论，或者把这个账号的所有视频都看完再关注等。

通过跟相似账号产生一系列互动，告诉算法"我最近很喜欢看这种类型的视频，你要多给我推荐"，算法就会推荐给你。慢慢地，你的主页就会有越来越多的对标账号。

在推送方面，算法是最厉害、最公平的，它知道你跟这种账号产生互动行为后，会给你推荐更多相似的账号。这也是我自己找对标账号的方式，虽然有点浪费时间，但是非常精准。

接下来，我想跟大家分享一下分析对标账号的意义、步骤和方法。为什么要分析对标账号呢？是为了"知己知彼，百战不殆"。

我一直都在说"相信爆款是重复的"，看对标账号，就是要先看你所在的赛道上别人都在拍什么，之后你再从中学习，复制爆款。用这样的方式做短视频，会更省时、更省力、更容易。你自己在家里埋头研究，好不容易研究出你认为好的新拍摄方法，可能等你拍完视频发出来后，才发现这个方法早就过时了，三年前就已经有人这么拍了。所以，找对标账号真的非常重要。

那么，找对标账号的意义是什么呢？

寻找素材

通过找对标账号，你可以在市面上找到素材，看看别人在拍什么，是怎么拍的，看看哪些能够为我所用。不是让你去抄袭，而是找到能让爆款重复的逻辑。

上帝视角做差异化

要做差异化，首先得知道别人在做什么。用上帝视角观察，看同行在拍什么，研究同行的人设是什么，再思考怎么跟同行的人设做得不一样，还可以研究非同行爆款，最后找出自己的差异点。

提供创作灵感

对标账号能够给你提供一些创作灵感，我们要看那些做得好的，赚到了钱的，或者说跟自己相似的账号都在做什么。

做内容不可以抄袭，但可以从他人的内容中获取灵感。常用的一种方法叫"A+B+自己"。

"A"就是呈现形式，指借用其他账号的呈现形式，比如对标账号是做美妆的，最近拍的是情景剧；你是做麻辣烫的，就可以参考这个美妆账号的情景剧形式。

"B"就是选题，你可以去看平台上所有卖麻辣烫的账号，看看拍什么才能火。比如，对标账号每次说的价格相关的内容都会成为爆款选题，你就可以借鉴同类选题。

"自己"就是你的人设，前面的呈现形式A加上选题B再加上你自己的人设，就是一个以情景剧形式讲优惠价格的麻辣烫账号，你的形式、选题、人设都和同行不一样，这就是属于你的一个崭新的账号。

让你少走弯路

对标账号也可以当作数据分析的参考源，通过对标账号的数据波动让自己少走弯路。

可以先看看对标账号用的是哪些呈现形式，从中判断哪种形式更容易吸引精准用户，变现能力更强。有种对标账号虽然粉丝量大，但变现能力差，你要注意靠近那些变现能力强的对标账号去做自己的账号，少走弯路。

也要去做市场调查，看看对标账号的后台数据，根据变现能力、销量、粉丝量等数据做对比。找出粉丝量少，但变现能力极强的账号，学习这类账号的做法，你的变现能力也会变强。

此外，商业模式也是可以复制的。有些变现能力极强的账号的商业模式也是需要参考的，不要只看前端的账号内容，还应该看对标账号的后端变现模式、商业链路等架构，这些也都是可以去参考和复制的。

分析脚本结构

单条短视频的脚本结构也是可以参考的。做流量时，可以去拆解对标账号的脚本结构，这也是我的"相信爆款是重复的"系列视频里面讲到的一种方法，就是要多看对标账号和同行的内容。

　　一个账号如果近期或者长久以来点赞量数据都不太好，但有一个作品有 100 万点赞量，我们就可以分析这一个为什么火，分析它的开头、中间、结尾，然后总结这个视频是如何获取流量的，拆解出一个完整的脚本结构，再把你的内容套进这个结构里面去拍，依然能够火。

　　总而言之，找对标账号不是为了抄袭，而是为了触发思考。绝不能直接照搬别人的内容，让思考停滞不前。我们要做的是站在前人的肩膀上思考，就像小时候写作文，老师让你先抄再写，有的人抄着、抄着成了大师，有的人抄着、抄着成了书呆子，为什么呢？因为会抄的人抄的是结构，不会抄的人抄的是原话。所以找对标、用对标要用正确的方法，这样才能做出爆款。

如何设置自己的标签

很多人在给自己设置标签时，希望呈现的是完美的自己，可我并不认为这样做很好。我反倒觉得，标签一定要不完美。

这个世界上没有十全十美的人，也没有绝对正确的观点，残缺其实也是一种美。

当然，在设置标签时，底线不能打破，那就是法律和基本的道德观念，以及人们心中代表真善美的东西。

标签一定要不完美

有一段时间，大家都爱看完美人设，所以各类电影、电视剧塑造的人物性格往往是单一的。比如男主人公不仅事业有成，对女朋友也非常专一，碰见小猫、小狗都非常有爱心，跟朋友出去玩永远主动付款。他是一个极度完美的人。

但是随着社会的发展，现在已经不流行这种完美人设了，你越完美，观众越觉得你假。举个例子，某明星之前就是一个完美的白马王子的人设，长得帅、有钱，还是董事长、投资人等，但是他一旦出现与大众价值观不符的负面信息，就会有很多观众开始骂他，慢慢地他也就不火了。这是为什么？因为这种人设没有一丝缺点，不是一个真实的人，他也很难一直维持这样的人设，所以观众也就很难一直喜欢他。

所以你会发现，现在很多明星也好，网红也好，越是展现真实的人设，反倒越容易吸引观众的眼球。

所以，在给自己设置标签时，完全可以真实坦露缺点，这样的话，用户会觉得"我知道了你的一个小秘密，我离你更近了，我们是好朋友"，反倒更容易喜欢你。

很多人害怕把缺点展现出来，觉得会因此受人攻击。其实，有些缺点是不会被人嫌弃的。当然，缺点是不能和主流价值观相互冲突的，比如暴力，这是违法的、有悖于价值观的行为，不可以用作营销的标签。你要找的是自己身上可以被大众接受的、无伤大雅的缺点，这样用户才会觉得你亲和。

如何定义标签

很多人觉得，标签是一个人或者一群人对自己的片面定义。所以很多人会说"我不想被定义，不想被贴标签"。我反而觉得，一定要学会给自己贴标签，没有标签的话，就无法成为一个有流量的人。

别人给你贴标签，说明别人对你的某一个特点有非常深刻的印象，说明你的这个特点是有利于传播的。所以在没有标签的时候，我都会让大家去评论区里面找，看大家对你的评论。比如有人说你是平台上最搞笑的老板，或者有人说你是女神，这些就是你的标签，你可以根据这些评论加强搞笑、美丽这些特质，从而强化标签。这样，别人对你的认知才会更深刻。

贴标签的方法

在实践中，有很多贴标签的方法，我简单给大家介绍几种常见的方法。

自己主动贴标签

没有流量的时候，要学会自己给自己贴标签。你有很多特点，找准自己的位置，从中选择一到两个标签，在平台上放大。

用户给我贴标签，我要接得住

给自己贴上标签后，看看用户的反应，用户没有反应就换标签。当然，用户也会给你贴标签，有好的，也有坏的，可以拿过来看看哪些能够贴在自己身上用。

比如，我的粉丝有时候会说我是知识培训类博主里面长得好看的，我之前没有注意到，被贴这个标签的时候，我是没有化妆的。但在粉丝反馈后，我也开始注意自己的形象。既然大家都这么说，大家把我往这个位置上推，我就得努力坐到这个位置上。这就是用户给我的标签，我要接得住。

让弱关系的人给你贴标签

我在做内容的时候，是一个极度"片面"和"极端"的人。我会直接告诉学员"你就做一个什么样的人，其他不用做"。这就相当于在给我的学员贴标签。

你也可以选择专业人士等弱关系的人给你贴标签，那些过于了解你的好朋友反倒很难给你贴标签，因为他们认识立体的你。标签是极具片面性的东西，更容易被弱关系的人发现。

我有一个学员，他是00后、奶爸、理发师，他想做账号。我让他放弃其他特质，就全力展现"00后奶爸带娃"这一点，这就是极度片面的标签。但事实证明，这个标签是很准确的，他的流量上涨得很快。

所以，千万不要害怕和厌恶标签，对于做流量的人来说，被标签化是一件非常美妙的事。很多人都说"我不愿意活在别人给我的人设里"，但对于我们这样普通的做流量的用户来说，标签是非常重要的，它能让用户快速、深刻地记住你。如果拥有标签，请一定好好珍惜！

第四章
场景、人设、用户需求

吸引流量，场景很重要

有些人在做流量时，往往只注重人设、话题等方面的问题，而忽略了场景这个重要因素。要知道，很多用户对某个视频或话题的第一印象往往是根据第一眼所看到的场景形成的。也就是说，一个好的场景，可以在短时间内牢牢抓住用户的眼球，吸引更多流量。

下面，我就简单介绍一下有关场景的几个关键事项。

无论对于哪种流量，场景都很重要

无论是对于短视频、直播，还是对于线下流量，场景都非常重要。这一点毋庸置疑。

接下来，我分享两个设置场景的方法。

契合场景

首先，场景决定了"你是谁"。契合的场景能够很大程度地节省自我介绍的成本，让用户一眼就了解你的身份。

其次，人、货、场要契合。你的场景必须是能够留住人的，在视频平台上，要么是听觉留人，要么是视觉留人。其中，在视觉方面，除了你本人，最重要的就是场景了。

比如，你是一个老师，还是一个知识付费类的博主，那你就应该在教室里录制视频，在适合教学的环境中直播。这样一来，当别人进入你的直播间的时候，一眼就能知道你是谁，你在做什么。这就是场景，它能更好地提高用户对你的识别效率。

再举个例子，一个人坐在老板椅上讲自己的招商加盟项目；另一个人坐在破旧的窗帘前聊招商加盟——你觉得投资人更愿意选择哪一个？答案一定是前者。因为这个场景会让投资人直观地认为，前者是一个身价不菲的老板，而后者恐怕只是一个小商贩。

拿我自己的场景来说，我给自己的定位是有亲和力的小姐姐，因此，我就不能像其他做短视频知识付费的同行一样，坐在老板椅或者豪车里去讲内容，这和我的人设是不契合的。

反差场景

反差场景是指，根据你的人设，你不应该出现在这个地方，但你偏偏出现了。这样一来，通过反差带来的戏剧性效果，你就更容易红。

场景的选择

有些幸运儿可以瞬间选中契合自己的场景，但是我们普通人通常需要通过数据测试选择场景。

我一般会先选出三个场景，然后对它们进行数据测试，最后从中选出一个跟我最契合的。

我为一个做家居装修品牌的学员做过三个场景测试。她是一个非常有格调的家具装修品牌的创始人，所以，第一个场景是她在马路上边走边说。虽然文案很好，但场景总感觉很奇怪，马路旁边都是树木，公交车来来往往，不符合这么有格调的人物形象。于是，我们开始第二个场景测试：我让她回到自己的住宅中，舒适的家居配上温馨的暖光，这个场景似乎很符合女创始人的形象。但是，她家的装修稍欠设计感，不太符合一个高端品牌设计师的身份。最后，第三个场景，我让她去那种有设计感、有独特风格的咖啡厅，发现这种场景跟她整个人才是契合的。

融合优势和场景

契合的场景能够帮助我们更好地融合场景和自身的优势，并且让自身的优势得到最大化的发挥。

在现实生活中，场景也同样重要。比如，同一本书，在大卖场的快销展柜上的售价，和在高端书店的售价也是不同的。

场景和人物的搭配情况，对用户的观看体验是有直接影响的。通过人场合一，人物会在场中产生更大的能量。

给自己定制一副"人格面具"

人格面具（Persona）这个词，来源于希腊文，本意是指演员在一出剧中扮演某个特殊角色时戴的面具。

当然，它也是瑞士著名心理学家荣格的精神分析理论之一，被荣格称为从众求同原型。他在《原型与集体无意识》一书中写道："人格面具是个人适应世界的价值理念或者他用以对付世界的方式。"①

我们在做流量时，其实也可以给自己定制一副"人格面具"，也就是确立人设。

下面，我跟大家分享一些确立人设的技巧。

---

① 荣格.原型与集体无意识 [M].徐德林,译.北京：国际文化出版公司，2018.

接地气与正能量

如果你是一个颇有成就的人，那你在做人设的时候就需要接地气，比如，你是一个身价上亿的老板，天天开着豪车出现在高端场所，那么，你在坐车的时候应该做什么呢？应该接地气。

开着豪车的老板，到高级西餐厅后不会用刀叉，直接用筷子夹食物吃——看到这里，用户就会觉得你很接地气。看起来是在现实生活中不常接触到的人，在视频里的形象却离用户很近，这样就会给用户提供反差感。

如果你觉得自己是个平凡的人，就要多多输出正能量的内容。比如，你是个靠送外卖赚钱的人，发现一个顾客同时点了两份外卖，你给他送一趟就能多赚几元，所以你特别开心，发短视频跟大家分享今天的幸运和喜悦。用户看到这种视频，往往会被这种正能量所感动。人们看到奔波劳累的人还在努力、积极地生活，会很容易被激起斗志。平台也更喜欢传播这种正能量的内容。

基于自身特点放大人设

立人设时要放大自身特点，而不是塑造另一个"我"，这样才能长远发展。记住，我们不是演员，演不出和自己的性格完全不符的人物。但同时，每个人身上都会有一种或几种鲜明的性格特点，比如调皮、活泼、忧郁、爽朗，这些就是我们的特质。我们可以选出最符合自己的特点，再适度地放大。

放大这个特点后，所有的视频都围绕这个点去拍，或者所有的话题都围绕这个点去说，反复强化这个点，让用户觉得你就是一个这样的人。这样，你就不会那么难受，因为你不必去"扮演别人"，而且，这种人设是可持续的。

做人设要多维

在做人设时，既要让用户看到你的优点，也要向用户展示你的缺点，还要让用户知道你的故事，这样才能塑造出多维人设。

互联网是有记忆的。那么，用户记住的都是什么呢？是故事，有故事的人才会被大家记住——无论这个故事是好是坏。

在做流量时一定要学会讲故事——讲你自己的故事，你和父母的故事，你和伴侣的故事，你和孩子的故事，你和手足的故事……讲的故事越多，就越能进入用户心智；观众看见了多维的你，你的 IP 的生命力自然会更强。

人设是动态的

我认为，人设发生动态变化是一件非常好的事情。因为在你的成长过程中，你的用户也在成长。如果你一直是单一不变的人设，那么用户是会抛弃你的，因为他们已经成长了，而你还在原地踏步。而且，如果你一直用单一人设去吸引粉丝，那么用户也会觉得你很虚假，不够真实。

人设发生动态变化也是一件非常正常的事情，不需要因此焦虑或感到有压力。一些做人设的方式是相对落后的，包括现在一些偶像明星，一直以单身形象示人，不能结婚、谈恋爱、生孩子。然而，这种人设是很容易被用户抛弃的，因为他们的老用户已经成长了，而他们还在保持最初的人设；更可怕的是，很多新用户也已经不吃这一套了。他们之所以会过气，就是因为没有让自己的人设流动起来。

　　所谓 IP 的力量，就是用 IP 吸引来认同你的人。所以，你的 IP 一定要有态度，并能积极地把它表现出来。你对待生活的态度，你对待成长的态度，都能吸引来认同你的人，你只需要不断输出你的生活态度和你的观点，让外界听到，流量就会源源不断地涌来。

抓住关注点，一秒"钉住"用户

一个好的短视频，一定是符合用户需求，能抓住用户关注点的。用户关注的，往往是他们真正渴望得到的东西，给他们提供这样的内容，往往可以激发用户的兴趣，引导他们将视频看完。

短视频场景创新

很多短视频创作者都知道应该优化和创新内容、声音、视觉，但很少有人意识到场景创新的重要性。所以，想要获取更大的流量，可以以场景创新为突破口。

随着科技的发展，一些短视频账号也做出了场景创新。最典型的就是虚拟场景，如助眠账号发布的视频中，场景就是一个下着雨的夜晚，其中有轻声的鸟叫和蝉鸣，整个视频都是虚拟场景，而这个场景和声音都是有助于睡眠的。

还有一些运用科技创新的虚拟场景是直接把真人形象分

离出来，放在绿幕上，来创造现实生活中难以体现的剧情和场景。比如，有的号主说自己生活在月球上，见到了嫦娥和雷神，并在视频里把自己放在了这样的虚拟场景中。在这个设定下，他可以想出无限的剧情，比如，今天跟嫦娥吃饭；后天跟雷神打牌；明年过年要回地球了，等等。这些不受正常生活约束的有创意的剧情，都很适合虚拟场景。这种有娱乐性、有创新意识的场景也更能吸引用户。

下面，我们简单介绍两种版本的场景。

普通版

做一个普通版的场景很简单，但首先要保证你的画面是让人舒服的，整洁和干净是基础。如果在你的场景中出现脏乱差的画面，就可能引起用户的不适，你的视频会立刻被用户划走。

其次是你这个人要契合你的场景。如果你是一个知识类主播，却天天在酒吧里面讲知识，会让用户觉得莫名其妙。

之所以需要人和场景契合，是因为观众不认识你，而且他们通常只有一分钟的耐心让你去介绍自己，你要在这一分钟内尽可能地提高介绍自己的效率。

高阶版

在普通版的场景之上，还有高阶版的场景，它主要涉及两个方面。

第一是画质。高清的画质可以来自高清相机，也可以来自灯光。如果你不打算买高价位的相机，那么，你可以好好学习打光，足够好的灯光能让你的画质更通透，即便只用手机，也能拍出有质感的画面。

第二是风格。想要优化画面的整体风格，就要让场景元素、参与者服装和场景构造都做到赏心悦目，因为用户对美的追求是永无止境的。

如何一秒"钉住"用户

我经常说一句话：你要做短视频流量，就要一秒"钉住"用户，即留住用户。可是，一秒的时间，连一句完整的话都说不完，又该怎么"钉住"用户呢？最好的方法，就是利用画面。

比如，你刷到美妆博主的视频，当看到一个帅哥或美女和非常干净整洁的画面时，你会不舍得划走，会想跟这个博主产生互动，这就叫一秒"钉住"用户。

大多数情况下，想要一秒"钉住"用户，需要注意以下几点。

"新奇特"

"新奇特"的核心就是换一个用户没见过的场景，尤其是一些既在情理之中又在意料之外，但符合你人设的场景。比如，讲草原美食的短视频，可以直接在草原上拍，既符合人设，又和其他美食账号有所区别。如果你像其他短视频那样坐在一家饭店里讲草原美食，就没有竞争力了。

下面，我们来具体拆解一下"新奇特"。

第一，新。新是最简单的一步，用户没见过的就是新的场景。

第二，奇。奇就是场景里面有一些让用户感觉异常的点。比如，你在前面讲内容，你妈妈在后面做菜，爸爸在另一边和鸟吵架。这种画面能引发用户的好奇心，让他们被这些内容既矛盾又丰富的场景所吸引。如果你能用这种奇特的，甚至让用户感觉有些怪异的场景勾起用户的兴致，让他们打从心底疑惑，那就做到了"奇"。

第三，特。要做和别人不一样的场景，但是也要注意让场景符合自己的个性特点，如果你的"特"和你完全无关，用户的体验也会不好。比如，很多绘画账号的号主都会在视频开头泼出油彩，然后开始作画。假设你是讲绘画的，你在拍短视频时，可以让你的背景本身就是一堆画，把它的整个色调都调得像一幅油画一样，再给自己的脸涂上颜料，然后把头发弄得乱乱的，像很多人心目中的艺术家一样。这样一来，你的整个场景也会像一件艺术品。这就是你的特别之处。

质感

场景和画面的质感关键在于我们前面提到的高清相机和灯光，很多人都有能力做好这两点，但就是不重视，这也是他们的视频画质堪忧的主要原因。

风格

风格是有些虚无缥缈的东西，但是又非常重要。做一个有风格的场景是一件一本万利的事，它可以帮你吸引更多高净值用户。

风格是指你在视频中营造出来的一种整体感觉，你的语言、动作、场景、内容等都影响着你的视频风格，并放大你的个人整体风格。你的风格特点又能够吸引与你的价值观一致的人。

直播变现，正确的事情重复做

直播行业的一大特点，是离变现更近。很多人正是看重这一点，才头也不回地走进直播大军中。

可是，事实证明，并不是所有的人都适合做直播，很多在直播行业摸爬滚打了好多年的人，最终也没能大红大紫。实际上，直播这个工作更适合表达能力强、能吃苦、有销售经验的人来做。

直播行业的迅速发展，源自广大用户的需求。因此，做直播时必须牢牢把握一点：你提供的产品必须是能够直击用户利益点的，让用户感到你给的正是他所需要的。

要做到这一点，下面几个方面不可忽视。

直播的细节

在直播中，人、货、场都非常重要，但是很多人都忽略了占 1/3 比重的场景，只重视人和货，这其实是不对的，直播的场景比短视频的场景更重要，必须注意以下细节。

视觉

视觉效果能让用户快速知道你是谁，你在干什么，你卖的产品是什么。你可以利用舒适、高级、有个性的视觉效果提升自我价值。

听觉

你在说什么，你的声音是不是好听，你的语调是不是让人觉得舒服，这些都会影响用户在你的直播间里停留的意愿。

数据

我们在前面提到了数据的重要性，这里就不再赘述。

除了上面提到的这三个细节，进入直播间的用户也分为粉丝用户和非粉用户，而一个好的直播场景能够帮你留住非粉用户。

关注你的粉丝会知道你是做什么、卖什么的，但是随意刷到你的直播间的非粉用户是完全不了解你的，如果只看到你自己坐在那里，不知道你在干什么，用户自然会走掉。如果想留住人，就只能靠场景。所以，必须在你的场景里用卡片、直播贴片等告诉用户你能给他们带来什么样的价值。

直播注意事项

不要觉得直播只是个工作，要做真实的自己

"我要开始直播了，三、二、一，开始……"，像这样在心里默念着，然后立刻换上职业笑容上播，是没法做好直播的。你要在直播间里做真实的你，这么做数据反倒会非常好。如果你让直播间里的用户对你产生距离感，那么你的数据往往会很差。

很多人在直播开始前还在嬉笑打闹，一喊"开播"就变成另一个自己，马上进入上班状态。这些状态的变化，观众是能够体会到的，这只会让观众跟你产生距离感，一旦他们觉得难受，就会退出直播间。

你是什么样的性格，在直播间里就表现出什么样的性格，把直播间当成会客室，把直播当成和粉丝聊天，这是最好的、最能留住人的状态。

直播是一场互动，不是演讲

做直播不看数据的人是做不起来直播的，一场直播的互动率、点赞量、加粉丝团人数、关注量等数据都要利用平台算法去分析，在直播中也要注意主动引导用户跟你产生

互动。

讲完干货，要问用户听没听懂，引导用户把"懂了""没懂"之类的词打出来，让用户一直跟你互动。你要在直播间里说"大家给我点关注""大家给我加粉丝团""大家给我点赞"。互动数据提升了，流量自然也就上涨了。

向用户要数据的核心是，你要让用户知道他给你做数据后有什么样的好处，不能硬要数据。比如，你可以这样说："大家给我点点赞，我接下来要给你们讲干货，点赞超过两万我还会继续讲新知识。"再比如："我现在有一份价值199元的资料，点我头像进粉丝群，就能免费领取。"如果你不说好处，只是命令别人去帮你做数据，是很难看到效果的。

正确的事情重复做

直播间不像短视频，来看直播的用户最多给你2分钟，如果你的直播不能在短时间内吸引他，他就会直接退出你的直播间。所以一定要把用户的正向反馈记下来。

比如，有评论说"讲得真棒"，你就记下这一刻讲了什么，然后每一天都重复地说。不用担心别人会听腻，每个人给你的时间就是2~10分钟，如果觉得没趣，他们一般听2分钟就离开你的直播间了，很少有人天天留在你的直播间里。所以，你可以多多重复那个反馈最好的知识点。

　　还有，记录离变现更近的事。比如，你讲完一个知识点，接着说"那我们三、二、一，上链接"，如果这个时间点的销量很好，就把这个知识点记下来，不断地去重复，这会成为让你的成交密度变大的动作。这就是正确的事情重复做。

玩转社群，翻倍受益

社群是一个大家都很熟悉的词，很多人都用它来引流，或者通过它变现。实际上，现在的很多社群更像是直播的延伸，你完全可以把社群当作一个裂变的工具，或者一个与粉丝互动的场景。

在做社群时，你要考虑：把所有人拉到一个群里的目的是什么？答案是更多地占用用户的时间，让用户跟自己产生连接。

一个好的社群，每当用户点开它时，都能看到群里提供的有价值的内容，或者提供的帮助，或者是交流、连接的机会。我虽然占用了你的时间，但你与我产生了连接，我们拥有了新的故事。在互动中，这种关系变得更加紧密，人与人之间有了更多认可，这就是社群的意义。

我做的课程都是有社群的，因为有的用户可能买了课但不去听，可即便是不听课，他们也能在社群里学到有价值的内容，能够跟我和其他学员产生连接与互动。这样的形式能够更好地连接用户，而这种收获感也会让用户更加认同我。

下面，我简单聊一聊社群的类型和组建社群的意义。

社群的类型

根据主要活动内容的不同，社群是可以分成几种不同类型的。

卖圈子的社群

卖圈子的社群本身就是一个圈子，一般都是有门槛的。因为这类社群很有价值，都是相似的人聚在一起，他们都有共同的价值观，所以这种社群必须设置门槛，大家才愿意加入。比如，必须有 50 万粉丝，或是必须交 5 万元，又或者账号视频的播放量必须过亿等，你才有资格进入这个圈子。有门槛，才显得社群有价值、有意义，才做得起来。如果没有门槛，大家就觉得谁都能来，真正有实力的人也就不愿意加入了。所以，必须牢记：有门槛的社群才叫圈子。

交付型社群

所谓交付型社群，就是社群要给用户提供价值。

比如，我有自己的课程社群，社群里面有助教老师，有学员，你看了我的课程后，可以在社群里通过和我、助教老师或其他学员沟通来解决你所遇到的问题。而且，社群里每个月都会推出持续促活的产品，比如，我每个月都会邀请一位权威人士来社群进行分享。如果没有每个月一次的活动，这个社群就会变成用来闲聊的无用的社群。

营销型社群

这种类型的社群，是纯粹以销售为目标组建起来的。

这类社群构建时，注意按销售意愿区分，因为愿意在某件产品上投不同成本的人，对产品的要求是不一样的。

我自己做营销社群的时候发现，花 19.9 元买课的人，往往比花 2000 元买课的人要求多。因为他们进群的目的，就是得到自己想要的东西，这些东西要物美价廉，甚至物超所值才行。

有一次，我开了一个 19.9 元的引流群，卖一个 1980 元的课程。我先讲了一小时干货，才开始推销那个 1980 元的课程，但是很快就有人在群里说他有这门课的盗版课，价格只要两位数。当时，我真是气坏了，我讲了一小时，好像是给他引流了。

而花 2000 元买课的用户，一般都不会有退费、差评、捣乱等行为，因为他们都是抱着认真学习的态度来的，所以学习氛围会很好，大家会在社群里互相帮助，互相分享，一起解决问题，对老师的认可度也很高。

社群的意义

社群不是供应流量，而是获取流量的渠道，是让流量产生更大价值的平台。社群能够让用户跟你产生更多连接，从而更加信任你，有利于用户的二次转化和促进用户复购。

对于用户来说，他们参加社群，一般是出于两种心理。

一种就是前面提到的想加入圈子，比如参加私董会，是为了链接更多资源。

还有一种就是为了安全感和归属感。有的用户会担心自己买的产品后续出问题，或买了课程后听不懂，而与有着共同担忧和目标的人加入相同的社群，能够给他带来安全感和归属感。

总之，社群是一个很重要的流量基地。能玩转社群的人，很多都能做好流量，理解用户心理。

像经营公域一样经营朋友圈

谈到流量，朋友圈是一个绕不过去的话题。很多人实际上已经在利用朋友圈引流。只不过，很多人没有找到正确的经营朋友圈的方式，所以没能在引流方面做出好的成绩。

想要利用朋友圈引流，首先要让自己的朋友圈拟人化，也就是朋友圈的内容要使你像一个活生生的人，而不是像一个冷冰冰的机器人客服。只发广告是没有用的，生活中有趣或失意的故事都可以发到朋友圈里，这样才能更靠近用户。

那么，怎么经营朋友圈才有更好的效果呢？下面我们来谈谈具体做法。

50% 人设

很多微商都是从运营私域转过来的，他们并不知道朋友圈最大的作用就是立人设。

有些微商只会在朋友圈疯狂发广告，这样做是很难有流量的。因为在用户看来，他们就是机器人客服，只会像个机器人一样打广告。缺少真实价值的东西，用户是不太想看的。如果微商给自己立个人设，让别人知道他们是实实在在的人，那么他们发的广告会得到更多人的回应。

一个机器人客服跟我说话，我可以不理，但如果是一个活生生的人找我说话，我是不好意思不回复的。所以，做流量的人要把自己的人设做起来，这对增进与用户的交流是大有好处的。

具体来说，做人设有下面几个很简单的方法。

在朋友圈写小作文

如果你遇到了一些挫折，是可以把它们发到朋友圈里的。不要觉得坦露自己的脆弱后，用户就会觉得你不正能量，会不再喜欢你，其实暴露缺点反倒更能取得用户的信任，因为优点和缺点结合在一起才是真实、立体的人设。

你可以在朋友圈写小作文，也就是写出自己的故事，比如，家人生病了、今天很疲惫、不想再做博主等。你可以把最近的人生感悟、生活经历、困难与挫折都写进小作文里。用户不会因为你的失败而抛弃你，反而会因为看到了你的失败而更加信任你，他们会因为你敢把你的失败公布给大家看而觉得你是个真实的人。这样就能拉近你和用户的距离。

显示自己是有品位的人

想要立人设，就要在朋友圈里让大家知道你是谁。我有一个朋友，销售能力很强，他能完全不碰你的产品，单纯通过朋友圈人设，帮你提升 30% 到 50% 的业绩。

大部分不会做私域的微商都直接在朋友圈发产品信息或打广告，但是我这个朋友会帮你在朋友圈立一个有品位的人设。通过生活中的方方面面，你能展现出自己是个有品位的人。很多用户在接受了你的这个人设后，就会觉得你值得信赖。这就是从心理上影响了对方，让对方愿意主动跟你产生连接。

20% 产品

20% 产品，其实很好理解，指的是你在朋友圈做的营销广告。朋友圈是可以打广告的，做营销推广大家也都能理解。

只不过，打广告一定要斟酌用语，"今天促销了，大家来抢吧"之类的话是不行的，这种广告语太硬，朋友圈里更需要一些软性宣传。

用户到你的朋友圈里不是来看产品介绍的，而是来认识你这个人的。所以，要用通俗易懂的话术去介绍产品，促进用户购买。

30% "种草"

除了人设和广告，剩下的 30% 就是软性宣传，也就是给用户"种草"。

"种草"是指在公域输出价值，让用户先产生兴趣，再引导用户跟你一起学习，或购买你的产品。但是很多人做朋友圈的时候往往是在"拔草"，即直接让用户知道跟你学习或购买你的产品后能获得什么。这些人添加用户为好友后，朋友圈里就不再继续输出吸引用户的内容和价值了。

比如，一个人是心理学老师，像朋友圈里经常出现的一些痛点问题"男朋友 / 女朋友为什么不开心""怎样缓解自己的焦虑"等，他从来不在朋友圈提，只是卖他的课程产品。也就是说，他没有"种草"的动作，就直接"拔草"了。只跟你说这个产品能给你解决什么问题就叫作只"拔草"，不"种草"。这种做法其实是错的，因为很多人加你微信只是想初步了解你而已，不是过来买产品的。看到你的这种表现，这部分人可能就放弃你了。可见，在朋友圈"种草"是非常重要的。

想通过朋友圈引流，就要像在公域一样不断输出内容，提供价值，这样才能提高用户转化率。

总的来说，朋友圈是需要经营的，一定要把朋友圈流量当作公域流量去运营，不要懈怠。

用线下与线上结合的方式获得流量

在今天乃至未来，无论线上引流的方式有多么便捷与高效，线下引流都有着不可替代的作用。如果能将线下与线上较好地结合起来，我们获得的流量将成倍地增长。

传统的线下引流靠的是分销和裂变。拿培训来举例，传统的线下引流的方式是一带一，学员 A 参加过我的课程，如果他能再带一个学员过来，那么 A 参加课程就可以免费或者打折，从而实现裂变。分销是指和一些企业或者个体合作，让他们卖课，课程售出后按比例分配利润，是比较传统的模式。如今，这种模式当然没有线上获取流量多和快。

我认为，无论是传统的分销模式还是裂变模式，它们最大的问题都是没有 IP。其实，一个鲜明的个人 IP，足以为分销这种传统模式带来新气象。在过去，分销由门店或机构完成，它只是一个冷冰冰的过程。有了 IP 赋能后，分销便会附带更多情感属性。

线上线下引流的不同特点

线下引流的分销靠的是利益驱动，这是需要公司运营的事，个体是很难完成的。

线上引流的模式靠的是 IP 的品牌效应，特点是个人就可以完成，更加个性化。你不需要请讲师，也不需要有销售人员，你一个人既能做讲师，也能做销售员。

这里需要注意的是，有一种传统的微商模式是把线下的利益模式搬到线上，但现在先进的线上模式是通过 IP 完成的，是通过人格和感性连接的，这种模式发挥了更大的提供情感价值的作用，使得线上引流更容易获利。因为 IP 是品牌，品牌方具有定价权，所以他们更能卖出高客单价，而且这种形式的团队运营成本更低，一般情况下 1 到 3 人就能完成营销工作，更有做到极致的，1 到 2 人工作就能做出一个传统团队的业绩，达到企业级的盈利水平。

线上线下相融合

线上线下相融合才能发挥叠加效果，这需要你扩大裂变范围，让你的用户更多。现在很多人面临的问题是，做 IP

的人不懂得怎么做线下引流，做线下的人又不知道怎么做线上引流。如果有一个人既能做线上，又能做线下，并将两者融合，在线上做公域流量，在线下做裂变和分销，那么他一定能获得更大的流量。

那如何才能发挥叠加效果，做到两者相融合呢？

我的建议是，把赚钱的部分和你个人 IP 的情感价值结合在一起，既能赚钱又有情感价值，引流的效果就会更好。

传统的线下引流是没有 IP 参与的，纯靠分销带动，你需要分极大的利益给别人，才能让你的产品卖得好，这就是利益驱动。如果你已经有了个人 IP，这时让线下的分销渠道去销售，这个产品就会因为你的人格魅力而卖得更好，这就是线上和线下融合起来的效果。

融合过程中，可以先从线上引流起步，然后线下引流，让第一批用户分销、裂变，拉升势能。这就是我们说的线上导流到线下，线下又反过来补充线上，是一种很好的模式。

对于一个没有团队的普通人来说，也许没有办法直接做线下的大体量。这时，可以先做 IP，做线上引流，之后慢慢扩大自己的团队，再让第一批用户去做分销、裂变。这样，线下就渐渐地做起来了。

比如，做线上课程的时候，把线下授课的过程拍成短视频，发布到线上。线上的用户可以线下参加并体验课程，而体验过的用户就更容易发生转化。转化完成后，他们也就有可能成为你线上的分销用户。

这其实就是一个很完美的闭环——从线上到线下，从线下又回归线上。线上和线下都是 IP 的主场，两个环节是双向驱动的。做成闭环的首要条件就是 IP 的势能高，其次就是利用平台的垂直漏斗，在线下提升用户的体验感，这样也更容易和专业人士在线下合作，形成合伙制。

让一个 IP 往线下走的时候，其实就是在把这个 IP 变成一个事业。所以，线上和线下两种模式不是各自独立的，也不是割裂的，而是双向驱动的。

第五章
问题、选题、标题

问题是一切研究的起点

问题是一切的起点，好的问题比答案更重要。我们常说要有问题思维，因为找到问题代表离解决它也不远了。

世界的发展是靠问题驱动的，能够挖掘问题才有商业机会。有了源源不断的追问，才能驱动社会持续地进步。

当然，提问可能会带来新的疑惑，通过提问我们得到的也许不是一个答案，而是另一个问题。

所以，一定要知道找谁去提问，毕竟能给出答案的人太多了，选择正确的提问对象至关重要。

今天的短视频、直播行业中，往往只有提出一个好的问题才能引发大众的兴趣。从用户的角度看，99% 的问题都有已知的答案，"一千个人眼中有一千个哈姆雷特"，问题的答案往往并不唯一，如果不会提问，不知道向谁提问，就很难找到答案。

举个例子，我常常将口播视频分为"采访流"和"脚本流"。其中拍采访流视频最重要的就是提出问题，面对一个有故事、有话题的采访对象，你的提问方式决定了对方是否能说出有价值的内容。

在我看来，判断一个 IP 持有者在抖音上能不能火起来，有两个参考因素：一是这个 IP 持有者说出来的话是否有价值，对其行业的思考是否足够深入；二是提问人的素质是否达标，这也是很多人容易忽略的一点。提问人会不会提问？提出的问题到底有没有深度？能否提出大家关注的好问题？

从中，我们可以判断一个人是否具有问题思维，是否能通过关键性问题找到最终的答案。

提问题本身就是一个技术活，要想确定你提的问题是否正好是大众想问的，就需要拥有问题思维；要想听到有故事的回答，就应该边提问边引导，带着大众所想去一步步追问。所以，定义问题的能力，是当今时代很重要的能力。

好的问题，往往需要我们基于目标用户去提

分析用户心理，提出让目标用户感兴趣或者与他们自身相关的问题。用户也想问的问题才是好问题。提问前，一定要了解用户心理，要有大众情怀。很多人提问的时候，只从

专业角度出发，这其实是一个误区。对于缺乏大众视角的提问，给出的答案再好、再对，也很难被大众接受。

生活中确实有很多基本上不会提问的人，他们或是很难准确地表述自己的问题，导致别人根本无法回答；或是提出的问题本身只能让同行或者专业人士听懂，导致回答者说出来的内容让大众觉得没意思，难以获取流量。

好的提问人都需要具备追问的能力

除了提出好的、有深度的问题，你还必须知道如何追问。向一个思想有深度的人提问时，他也许有 100 种观点等着你去发掘，但如果你不会问，是挖掘不出这 100 种观点的。所以你要思考，怎么找到想找到的答案，或者怎么问别人才能答得出来。

采访中进入心流状态

在采访的过程中，我们会用到一个叫作"心流"的方法。"心流"是积极心理学家米哈里·契克森米哈赖提出的一种心理学概念，本质上是形容人专注做事、投入忘我的状态。

我们常说，只有跟采访对象进入心流状态，才能让对方说出大众所需的内容。要想进入心流状态，就需要向被提问的人提供情绪价值，与他真正地深入交流。

好的提问人需要有好奇心和探索欲

我们常说的打造 IP、做视频、做流量，其实目的就是吸引大众的注意力。问题之所以会引人关注，能够带来流量，是因为它们能引发观众的好奇心。直接输出观点本身是很难获取流量的，但当我们用问题做视频的开头，勾起观众的好奇心时，无论内容或观点观众是否感兴趣，他们也会比较想继续看下去。短视频领域的佼佼者大多都是会提出问题、制造话题的人。

要想做短视频、做直播获得流量，一定要有好奇心和探索思维。或是提出一个大众一直在思考的问题，直击用户痛点；或是提出一个大多数人都没关注过的问题。

视频网站上有很多特别会提问的知识科普类博主，他们会做一些选题，专门研究未被大众关注的问题，基本提出问题就能火。这就是探索欲极强的人，他们往往遇到什么问题都能解决。

在现实生活中，没有提问习惯的人，通常也没什么好奇心。他们总是习惯性地被动学习，老师告诉他们的就吸收，总是只记答案，有时候甚至忘了问题是什么。他们更愿意在现实生活中找到一条有迹可循的路，但是那些能获得流量的人往往是懂得探索更好的方法的人。

好的观点很多，但好的问题很少。好的问题往往也是流量密码，口播视频和剧情账号都会尽力给出好的问题，其中知识类博主尤其如此。有时候，大家就是因为一个问题才去关注一个账号，问题和搜索量有直接关系，大众经常是带着问题而不是答案去搜索的，很多搜索流量就是基于问题而来的。所以，你如果能提出一个好的问题，在网络上就有更大的概率被别人搜索到。

面对好故事、好素材，如何提炼出好的问题显得尤为重要。一个好问题，最起码要能调动起用户兴趣，其中的关键要素有以下四个。

换位思考，与用户相关

如果你想卖出某个产品，站在卖家的角度基于产品性能讲功用，就是与"我"有关，与卖家有关。如果站在用户的

角度讲这个产品如何恰如其分地满足用户的需求，就是与
"他"有关，与用户有关。

提问亦是如此，你需要学会切换到用户视角去提问。面
对采访对象，你应该率先找到关注他的群体，收集数据，分
析他的目标用户喜欢的内容。要与他有关，而不是与你有关，
问题是要站在用户的立场上去提的，提问的视角决定了内容
的视角。

比如，你的提问对象有 100 个观点，但他可能不知道
自己想讲什么，而这 100 个观点里只有 50 个是用户想听的，
所以你不应该问他想讲什么，而应该关注他的粉丝、他的目
标用户想要听什么。

要从你的目标群体出发，从用户的角度去切入视角。做
短视频时，我们总说"定位要垂直，但内容是漏斗"，你需
要思考在内容需求方面处于不同层级的用户以及潜在用户想
要什么，而不是你想要讲什么。好的问题永远从用户中来，
所以我们一定要换位思考，让问题与用户相关。

有一定的娱乐属性

如今，要打动精准用户并获得流量，你提出的问题需要

具备功能性；但如果你想要击中潜在用户，就得提出有趣味性的问题，拉宽你的"漏斗"。无论你的内容多么优质，要想提高输出效能，你首先要做的就是留住观众。大众普遍喜欢看有意思的内容，具有娱乐八卦属性的内容就有这个特点，它本身对大众的生活没有太大影响，但大众会密切关注并讨论它。它就像咖啡因一样，总有人会对此上瘾。

很多专业人士，越是专业越容易陷入专业陷阱当中，总觉得注重娱乐属性的问题没有意义。比如近年娱乐圈漏税事件频出，其中极具娱乐属性的一个提问是，13 亿元到底是什么概念？问题上了微博热搜榜后，不同的人给出了不同的答案：有的人说上次见到这个数字还是十年前的中国人口普查数据，有的人说想靠工资攒这么多钱也许从猿人时代就得开始打工。另一个热点问题是，13.41 亿元可以摞多高？据说 100 元面值的钞票垒起来大约有 1341 米，约有 450 层楼高，也是将近 3 个东方明珠电视塔的高度。这些问题和答案都具有极大的娱乐属性。

好的问题必须有娱乐属性。针对想要打造个人 IP 的人提问时，我们经常容易忽略专业领域里面不专业的问题，但那些具有娱乐属性的不专业的问题，恰恰能吸引到用户。比如，众多一线男明星中，谁的家装设计最有品位？这也是有娱乐属性的问题，但我们可以用这个问题把观众吸引过来，再去更有效地输出关于家装设计以及设计师的干货。

以反常规认知的方式提问

颠覆人们以往常规认知的内容，往往具有争议性。反常规认知的提问就是制造与已有认知的冲突。比如，短视频中有很多这样的问题："为什么说男生千万不要去学文史哲""为什么越漂亮的女孩越嫁不出去""为什么月入百万的女孩最难嫁出去"。这些问题就是反常规认知，也是些容易让用户质疑的问题。因为这些问题和大众平时已有的认知是完全不一样的，二者发生了冲突。很多人觉得漂亮的女孩不愁嫁，月入百万的女孩更是大众女神，为什么最难嫁出去？于是，大家就想听下去。

大众喜欢关注反常规认知的观点，从心理学的角度来看，是因为反常规认知的观点与已有认知发生了碰撞，人们更愿意去捍卫自己认同的东西，反对可能否定自己的东西。当感觉到被冒犯的时候，人们可能会有逆反心理。

比如，听到"为什么越漂亮的女孩越嫁不出去"时，观众可能会想："说什么呢？ 怎么可能呢？ 我看看你到底要怎么诡辩。"观众可能一开始就不服气，抱着这种心态往下看，最后看到视频内容逻辑自洽，甚至觉得有些道理，最后点了个赞。这里有两种情绪，一种是"我认同你的观点，想看看你怎么替我说话"，另一种是挑刺心理，想看看"你在胡说什么"。但无论如何，问题首先要吸引观众的注意力。

有价值，能抓住痛点

好的问题是有价值，能够挖掘价值的。问题有价值，答案才更有价值。价值本身对应的就是用户的痛点，是能解决用户遇到的问题的。

那么，应该如何用现有材料挖掘吸引眼球的问题呢？

找到人物关键时刻的关键抉择

你阅读一部小说或者看一部电视剧，怎样才能浓缩地讲出它的梗概？ 一定要讲出它最关键的冲突点，精彩都是浓缩的部分。人生也有很多矛盾与冲突，一个人的经历，必然伴随着很多关键性的故事，比如，关键时刻这个人是怎么抉择的？ 选择了什么？ 讲述一个好的故事关键在于提炼好的问题。成长上的几次飞跃，事业上的几次转型，认知上的几次觉醒，就是一个人在关键时刻的关键抉择。

我的人生关键时刻也包含了很多的问题：为什么来北京？怎么决定做抖音主播的？怎么突然之间火起来的？怎么东山再起？怎么挣到第一个100万元？这都是关键时刻的关键抉择。

寻找关键抉择时，必须基于被提问者的人生去挖掘他的信念，不管是在工作上、感情上、兴趣爱好的培养上，还是其他任何一个维度上，你一定要从关键行动的出发点切入，找到关键时刻的关键抉择。

从知识层面去挖掘吸引眼球的问题素材

提问时，可以从知识层面切入。比如，你在某个领域里面掌握了很多的知识，你是怎么挖掘知识的？任何知识领域里面都会涉及一些核心观点和知识点，就像做一件事情的时候有重要的流程节点。在此基础上，你再去提炼核心价值，去激发有意思的冲突。

好的问题背后其实都蕴含着人的心理需求，流量就潜藏在这些需求之中。要想提出好的问题，就从知识和故事两个维度展开。

如何用已有的知识和故事提出好的问题？给大家一个

小的建议，养成在平时生活中遇到一个好的灵感和素材就记录下来的习惯。因为有些故事可能是昨天发生的，今天就忘了。在生活中随时记录和积累，发现一个好的素材就把它记下来，这是好的问题的灵感来源。要善于去记自己的成就事件，平时多进行自我梳理。你今天创作的能吸引流量的内容，其实都源于日常生活中有意识的记录。你的灵敏度和觉察度越高，未来提出好的问题的频率就越高。

无论是短视频采访，还是日常交流，都会涉及提问。想提出一个好问题，需要提前做好几项准备工作。

做背景调查

提问之前需要先做详细的背景调查，了解受访者的背景故事，对他有更充分的了解。

闲聊，让交流的气氛放松

交流的过程中，气氛很重要，只有气氛对了，才可能迸发出激情。所以要跟受访者闲聊，在闲聊的过程中找到对方聊天时最舒服的状态，让对方放松，让交流的气氛放松。比如采访 IP 持有者，你一开始就问具体问题，他的输出可能就会受限。你应该首先通过闲聊找到让对方最有表达欲的内容。放松的沟通是双向的，只有达到放松状态，才能进入后续沟通的心流状态；只有进入心流状态，你提出的问题才能得到好的回答。

学会打开话匣子，更要找到话引子

举个例子，你采访一位卖花的 IP 持有者，虽然对方的视频账号是卖花的，但你做了背景调查，发现对方平时喜欢研究房市，如果话题只围绕卖花和拍摄花，对方并不一定能对答如流，这时我们可以先通过闲聊打开对方的话匣子。在他了解的领域，他就会特别有表达欲，当他开始侃侃而谈房子应该怎么买的时候，话题就打开了，他整个人的状态也放开了，顺着话题再往其他地方延伸，就会触发心流。找到交流时对方的话引子，基于对方的兴趣，打开对方的话匣子，我们就可以把话题延展开。很多人提问喜欢单刀直入，直接问他们想问的，没有任何转折，那样受访者可能只会给出最基础、最正式的回答。

你想知道的任何答案，都可以通过提问的方式让对方说出来。比如综艺节目里常设的游戏"你说我猜"，就是以不断提问题的方式诱导对方说出答案。通过层层递进的若干问题的逐步引导，就能引导到某个具体的问题上。这就是树枝法提问，是不断地去问而不是单刀直入，要通过问题把对方拉到你想问的场景当中，问题是有递进性的。

当有人想问你某件事的时候，有时候不要直接给他答案。例如，有学生会问我："休斯，我这个视频应该怎么拍？应该找什么样的赛道？"假设这时候我给他指定某个赛道，如果视频火了，他不会感谢我，会觉得是他自己努力的结果；如果没火，他会觉得是我的问题，是我给错了赛道。

所以，我会通过提问的方式让他自己说出答案："你想进什么赛道？你觉得你擅长什么？在这个领域里你觉得你能做什么？你喜欢做什么？那你觉得这几个你选哪个？"他最终说出了一个答案，然后我说："好，就这个，你去做吧。"其实那就是他自己说出来的答案，他内心真正想做的方向。如果他没做起来，他会觉得是他自己的问题；如果他做起来了，他会感激我，因为是我引导他去选择的。有时候你直接给出用户的答案，哪怕是发自内心的建议，他可能也不会真正坚定地去执行；但如果是通过提问让他自己说出来的答案，他反而更愿意为此付诸行动。那应该怎样通过倾听发现用户真实的需求呢？

用树枝法提问

在对方说出答案的时候，一定会涉及你的关键问题中用户高频关注的一些关键词。你基于对方回答的关键词去进一步追问，会更有利于你们交流的深入。通过这种提问的方式，你可以持续不断地提问，因为当你有了一个答案时，你就会有更多问题。继续提问，不断深挖，到无话可说为止。

边做笔记边倾听

想发现用户的真实需求，学会记笔记是很重要的。在倾听的过程中做笔记，主要是记录用户的关注点和关键词，从而发现用户的真实需求，抓住用户思考的东西。这样，在进入心流状态时，你就不觉得是在记笔记，而是在倾听受访者讲的答案里面的关键词。有了这些关键信息，你就可以继续追问，继续倾听他的思路。

往前追问三个为什么，往后追问三个怎么办

最根本的答案，往往都可以通过追问的方式获得。如何识别别人的答案对你来讲是不是真的有参考意义？养成一个提问的习惯，往前追问三个为什么，往后追问三个怎么办，

就可以进一步识别出对方给你的答案可不可靠。你得到的答案应该是对事物全面理解和消化后的答案，能让你产生深度思考。因为有时候别人直接给你的答案不一定是适合你的答案。

往前追问三个为什么，你就能知道别人为什么会给你这个答案；往后追问三个怎么办，就能够推敲出这个答案是不是真的对你有意义。因为有时候，这个答案看上去很好，但带来的副作用比问题本身更可怕。

选题、标题、问题的关系

在我们的工作中，经常会面临一个问题——很多同事和朋友分不清楚问题、选题和标题。有时候，问题并不代表一个选题。有好的选题，你要把它变成问题，而标题是在提完问题后提炼而成的。

那么，对选题、标题、问题，应该如何理解和认知呢？

选题

选题相当于一个作文的主旨，例如整个视频或文章想表达的一个核心观点。选题可以简要地概括出你到底在说一件什么事。

标题

标题是吸引眼球用的，可以是被提炼出的一句很精彩的话，然后被你拿来当作标题。标题可能不是你的核心观点，但看上去要有吸引力。

问题

问题是最底层的东西，是挖内容用的。问题一定与用户痛点相关，本身是用户感兴趣，或者回答的人想回答的。

从选题的角度讲，很多个问题构成一个选题，一个选题里面可能包含很多个问题，也可能只有一个问题。所以选题是一个更大的切入点，是一个方向。

那么，应该如何发现好的选题呢？

选题一定是第一步就要确定的，因为它代表着方向。一般来说，我会基于以下两点去确定选题。

找到对标账号

做市场调查先找到对标账号。在整个赛道或行业中，确定某个 IP 的用户到底对哪些问题感兴趣。那些引爆流量的爆款选题，通常会成为我的选题方向。

根据自己的网感去判断

什么是用户爱听的、感兴趣的，你自己首先要有个大致的感觉，从需求端出发，去感觉市场用户喜欢什么。

一些选题从调研中得来，问题则是在选题基础上的进一步细化。可是在实操当中，好不容易找到了一个大家关注的、有意思的选题，很多人就把选题直接做成了问题，也做成了标题，这是不对的。

就标题和问题的关系，我也给大家做个详细的分析。

问题最大的作用是下"钩子"，要勾起受访者的表达欲，刺激他多说话。要知道，问题最终不是给用户看的，所以一般情况下，问题本身没有那么经典和吸睛，通常是不能当作标题的。极少数情况下，你问的这个问题本身特别好，也可以把它当作标题。

标题是什么？标题是你把你的问题问完，受访者回答完之后，你整个文章或整个视频里面最吸睛的东西，你提炼总结的精简的几个字。标题要包含一些用户高频关注的搜索流量词。

标题最大的作用其实是留住人，让人想看下去，它甚至可以在内容的基础上进行适度的夸大。例如吸引人的新闻大事件的标题很多都是"震惊！不看不是××人"。标题能够夸大，但问题不行，问题要钩住的是受访者。

那么，综合而言，选题、标题、问题之间，存在着什么样的联系呢？

三者的对象不一样

选题是采访者自己知道就可以了，即你自己知道你想研究什么问题，找人采访来解决这个问题，用户是不需要看到选题的；问题是被你采访的对象知道并能回答的；标题是看内容的观众要知道的，你最后给用户呈现的是标题。很多人把这三者搞混了，你要先搞清楚交流的对象是谁，是在对自己说，还是跟受访者说，抑或是跟用户说。

具体性不一样

选题是方向，问题是方向的一个子集，更加具体，方向上可能对应着若干具体的小问题。标题又是在具体之上的抽象事物，是基于用户兴趣的重组概念，是对整个内容精华部分的再次提炼，是对整个内容的高度概括或者夸张概括。

选题、问题和标题，是层层递进的关系

在层层递进的过程中，标题是至关重要的。很多人不重视标题，是因为他们把问题转换成标题了，实际上标题需要适度的夸张来吸睛，需要你重组语言、语句去说清楚一件事，而不是把你的问题或选题直接写上去。

很多人写不好标题，比如拆解一个账号，你想说："这个账号能够两个月变现 30 万元，到底是怎么回事？"这就是一个问题。很多人写标题时可能就会把这个问题陈述出来，标题就成了"这个账号怎么怎么样"，这就没有意思了。如果我去写这个标题，我会抽取精华部分，再夸张地修饰它。当然，标题里也得有我真正在讲的东西，例如"边带孩子边拍视频，一个月赚 30 万元"。其实我的短视频里的内容更丰富，但我把它高度概括成一件非常简单而且夸张的事，理念也非常简洁。短视频标题看上去简单，实际上将问题转换成标题需要花费很多时间，大家很多时候不重视这个方面，很容易直接把问题变成标题。

我绝对不允许我的标题是一个陈述句，那对我来说就不是标题。尤其在当今信息密度非常大的情况下，标题起不好，观众是不会留给你任何时间的。标题必须瞬间吸引观众的注

意力，他们才会继续往下看。

　　总之，选题、标题、问题三者既有不同，也存在相互依存的关系。有了选题才有问题，或者说有一个大的方向才有具体的问题；有了问题之后，经过对内容的提炼，才能拟出标题。

更易引爆流量的选题的特点

什么样的选题更容易引爆流量？ 那必然是有趣、有用、有共鸣的选题。

那么，应该如何寻找选题，判断选题，确定选题呢？

看数据，培养数据思维，全网全平台搜索

很多人没有数据思维，不愿意去搜索数据，更不会比较数据，只会凭感觉去判断。看数据，需要全网、全平台搜索，看现在用户到底对什么感兴趣，关心什么。比如你可以去看微博热搜榜，寻找吸引眼球的选题。因为你的内容是给用户看的，用户关心的事物一定能成为你的选题。要全平台搜索最大样本。样本越大，你对选题的把握就越多，就越准确。

开选题会，判断选题

搜索完选题，接下来要做的就是从不同维度判断选题的质量。一个人判断难免主观，这时候就需要开选题会。开选题会就是让灵感碰撞的过程，大家把灵感和想法汇集在一起，碰撞出一个新的选题。尚未拥有成型团队的人可能开不了选题会，但也可以找人进行灵感碰撞。

一个好的选题，并不是轻易就能被找到的，它一般要具备以下几个属性。

稀缺属性

从稀缺性的角度出发，在碰撞的过程中，找到大家都觉得稀缺，而不是你一个人觉得稀缺的选题。稀缺的同时，你也要考虑稀缺的点是不是能被大众接受的。比如我见过某个美妆视频的选题是"素人街头大改造"，这个选题之前在市面上没有，大家都没见过，都觉得稀缺。这种选题不是猎奇，而是同赛道中之前没有的方向。稀缺里面包含的是创意属性，有了创意，再考虑选题是不是对大家有帮助，是否有趣。让观众觉得"我没看过我爱看"，那么选题就成功了一半。

价值属性

判断选题是否有价值，需要找到目标用户的痛点，判断你的选题能否给你的目标用户提供帮助和价值。比如，我的目标用户就是想做内容的人，他们最在乎的其实是两样东西——赚钱和涨粉。所以，我几乎所有的视频内容都是围绕这两个选题方向拍摄的。

娱乐属性

抖音是一个娱乐场，观众就是喜欢看有意思的东西，娱乐属性就是趣味性。

所以，在判断选题时，需要考虑的要素是稀缺、价值、娱乐，一个选题具备这些要素后，基本就可以推进了。至于"新奇特"的内容，它们是在提问题的过程中被发掘和创作出来的，是下一步的事了。

短视频直播行业内，数据平平，不温不火，甚至人气惨淡的达人非常多。例如运营某个"二手奢侈品"（下面简称"二奢"）账号的达人，起号三个月一直不温不火，达人自己也很消沉，几乎都想放弃了。这时，我们把达人约到公司一起开了个选题会，准备再试着最后努力一个月。

调研市面上所有的"二奢"视频和同赛道作品后，我们发现这个赛道缺失创意，大家拍摄的形式几乎都是第一视角的口播形式。于是我们跳出同行圈子，去观察其他赛道的账号，发现了前面提到的"街头改造"的美妆账号，我们是不是也能把这种形式融入"二奢"账号呢？

如果我们拿着"二奢"包去街头，根据穿搭对陌生人进行街头改造，观众不知道接下来会发生什么，不知道搭配后的效果到底好不好，一切都是未知的，那么这个选择就具备了娱乐属性。

具备娱乐属性的同时，这种选题也是有价值的，其中是有干货内容的。我们在给别人做穿搭改造的时候，也会跟大家介绍包本身的皮质、具体搭配技巧以及"二奢"的市场价格，这就让选题具备了干货属性。而这个选题在整个"二奢"赛道中都没有先例，就具备了稀缺性。让大众用户觉得新鲜，这个账号也就会获取流量。所以这就是个稀缺、有价值、有趣的选题。这个选题通过后，达人拍摄的第一期内容就引爆流量了，也因此成就了一个"二奢"达人，他现在一个月能变现 300 万元。

不夸张地说，选题决定生死，决定文章的阅读量和公众号的点击率。在今天这个靠内容吸引用户的时代里，标题不好就别谈内容。所以，标题一定要直击用户的心理需求。那怎么设计一个好的标题呢？ 给大家分享我设计标题的 7 个心得技巧。

多用具体的数字，标题数据化

例如，我们经常看到的一类标题"跟我学，让你成长"，给人的感觉不痛不痒。但如果数据具体化，说"6 天背完600 个单词""3 招教你背完永远不忘"等，就会让人觉得真实。人天生对数字的敏感度远远大于对某个具体事实的敏感度。人们总愿意相信数字更加真实、具体，具象化的列举更可信。

在所有的标题里面加个"新"字

在你的标题里面加一个"新"字。比如"卫衣的新穿法"就比"卫衣的六种穿法"更吸睛。用户心里会觉得，一个新的知识出现了，如果不听我就错过了，不能别人都学到了我没学到。人的内心害怕不知道新东西，害怕错过新事物，害怕落后。

极端对比的标题

尝试在标题中合理使用极端对比。举个例子，"一个只有 33 个粉丝的账号，直播间在线人数 2 万"，粉丝数极少，直播间人数却极多，这是一个极端对比。极端对比就是打破你常规认知的对比，往往是既在情理之中又在意料之外的，就是我们一般认为不应该发生的现象它发生了，一个人在正常情况下不可能做到的事情他做到了。如果在你做的内容素材里能够出现这种比较有反差的对比，你就一定要把这种对比放大，因为这是一个很好的吸睛机会。

与金钱和财富相关的标题

无论是穷人还是富人，只要看到跟金钱相关的内容，心理上就是想要关注的。比如"找我装修直接帮你省 20 万元"。省钱和赚钱，这类和金钱相关的标题，都是能够火的。很多人都特别想探究有钱人的生活，比如亿万富翁是怎么教育孩子的，亿万富翁的家里有没有书房，或者亿万富翁用的都是什么样的手机。大众对极致的财富有着好奇心理。

与名人小事相关的标题

标题可以与名人小事相关，比如做家居账号，给视频起一个标题"某顶流男星的家竟然没有门"，其实是通过没有门讲家装设计的。这就可以成为一个爆款标题。标题和名人相关，人们就普遍爱看，因为名人是有基础流量的。你要关注的是名人的小事，而不是名人的大事，例如"某天王巨星戴的是什么戒指""某歌王演唱会居然跑调"这些名人小事。名人大事是大众一直都在关注的，名人小事大家会更感兴趣。

制造神秘感的标题

诸如"首次揭秘，勿传！""内部资料大揭秘！"都是能吸引眼球且大家爱看的标题。这就好像作者试图告诉你一个小秘密，别人都不知道，就让你知道。这类标题其实就是把握了人们怕错过的心理，大家都怕错过首次揭秘。但这类标题不能经常用，制造神秘感的次数多了，你的内容也就没那么神秘了。制造神秘感需要观察具体的领域和场合，要用对用好，也要慎用。

不夸张地说，几乎所有的 IP 都用过下面这种类型的标题："注意！ 三天后有大事发生""神秘嘉宾明日空降，一起猜猜到底是谁""接下来是付费内容首次公开"。具有揭秘感的标题能带动观众进行互动留言。揭秘感标题也很适用于直播，可以用来引导用户参加你的活动，让用户关注到一个即将发生的事情，也可以当作输出干货之前的铺垫。

反问的标题

反问制造的是一种与用户切身相关的场景："为什么你家孩子总抖腿""为什么你 40 岁了依然单身""为什么同样的短视频赛道，你总不起号""为什么你的内容精彩，播放量却破不了五千"，这类问题总能在不知不觉中直击用户内心。这背后的原理依旧与目标用户的痛点相关，人的心理都是如此，用户看到与自己相关的反问时，会愣住三秒左右。这三秒过后，潜意识会暗示他把你的内容看完。

第六章

内容

内容的基本要求是有心理共鸣

人人都希望被认同，都渴望获得心理共鸣。自媒体时代，蓬勃发展的网络进一步拉近了媒体与观众的关系。无论是文章还是视频，其内容都需要得到社会认同，而社会认同主要表现在三个方面。

社会认同需要共情，没有共情就没有共鸣

做内容首先要吸引用户，核心目标是让用户认可你。你不需要改变用户，人们讨厌被改变，你只需要吸引跟你价值观一致的人。

从心理学的角度出发，社会认同的原理其实是我们的行为往往受到相似的人的行为影响。这种认同是同级、同频的，你让我产生共鸣了，我就认同你的观点。用户认可你的前提是他要感受到被认可，也感觉愿意靠近你。你的内容要让用户产生共情和共鸣，这是我们今天对内容的基本要求，没有

共情就没有共鸣。

引领一种认知上的提升，也能赢得社会认同

我们常说的 IP 创始人，就是在认知上引领用户的人。在认知上，你要颠覆用户，刷新用户，不断拓宽用户的眼界和格局，让用户感觉他是真的认同你，你也在真的引领他。你能够真正为他打开新世界，让他感受到认知上的提升。

引领者往往也是权威者，用户认同他们的同时也会尊敬和崇拜他们。

引领者往往拥有别人没有的东西，别人想追求又很难得到的东西，这些可能是认知、财富或者学历。引领者能在精神上提升用户的认知，甚至在某种程度上引导用户。

勾起大家的画面感和想象，也会得到社会认同

如果你能够制造想象，营造画面感，就能让很多人认可你。例如，马斯克就是会给大众制造想象的人。他这些年的行动仿佛在说："地球早晚有一天会毁灭，我们要探索火星，拯救人类，所以我要经营特斯拉，我要去造火箭。大家要不要跟着我一起行动？"

　　世界上有一些人是没有梦想的，他们觉得很空虚，所以会跟着有梦想的人走，那么有梦想的人就可以给他们描绘一个梦想。马斯克就是从未来的世界出发，给大家提供了想象，创造了梦想。

　　除了在宏观层面上制造想象，在微观层面营造画面感也能赢得社会认同。例如董宇辉，他被网友们称作"带货文化人天花板"，很多人都喜欢他的直播，他是一个温暖的人。董宇辉直播时卖的是大米，讲的是一餐一粟的人间故事，是大家记忆深处的东西，他给大家营造了理想中的画面。

　　生活中有很多珍贵、美好的瞬间，是每个人心里柔软的一小部分，这种珍贵的瞬间可能稍纵即逝，让我们来不及细品。但是董宇辉就会抓住那一小部分，通过营造那个画面卖一袋大米，并说："出去吃一顿饭多么孤单啊，如果能回到家里吃到妈妈做的饭该有多美好啊。想一想那种感觉，你应该慢一点。"顿时让大家身临其境。在董宇辉身上，大家能看到很多善意，他是一个特别会营造画面感的人。

　　能获得社会认同的往往就是这三种人，一种是理解你、与你共情的人；一种是在认知上引领你的人；还有一种是给大众营造画面感和想象的人，他们往往能唤起人们美好的记忆，勾画未来的蓝图。

很多人对社会认同有强烈的渴望，它对人的成长和发展至关重要。

社会上有一些人没有梦想。没有梦想的人会跟着有梦想的人走，有小梦想的人会跟着有大梦想的人走。我们加入一家企业，相信企业的文化，为企业努力工作，如果企业在我们的努力之下上市了，我们也觉得自己实现了人生价值。这就是没有梦想的人要跟着有梦想的人走。

人生总得寻找意义，大家会朝着有意义的方向走，小意义朝着大意义的方向走，大意义自然会得到社会认同。

另外，制造想象格外重要，想象能营造意义感和价值感，我们要做的就是把想象放到极小的细微之处，或者放大成极大的蓝图梦想，二者中间都不可取。

社会的发展，要有大的情怀和追求，比如探索更美、更浩瀚的宇宙；也要有小的情绪和价值，比如用户情感上非常细小的需求。

"大的情怀，小的情绪"都是经济增长的引擎。可以看到，如今飞速增长的第三产业几乎都是在解决小情小绪。失眠、失恋、焦虑，这些本质上都是现代经济增长的引擎，它们带动了一系列现代产业的发展，而过去就没有现在这么精细的心理咨询行业。

过去的人感到躁郁、抑郁、睡不着觉,大家会觉得这个人毛病真多,真矫情。今天你睡不着觉,没人会说你毛病多,商家会全力满足你的需要,让你买个按摩枕头,还提供各种各样的课程教你怎么睡着。今天很多经济产业都是在满足大众的小的情感需求。过去大家特别不在意的这种小情小绪,现在反过来成了经济增长的一个新引擎。

那么,怎样才能做出被社会认同的内容,更好地引起用户的心理共鸣呢?

大部分人做内容时会陷入一个误区:生活圈子里的高频沟通会让人养成相对固定的话语与认知体系,人会不知不觉地产生一种心理,默认大家的认知和自己是同步的。很多视频账号的内容没有流量就是因为号主选的关键词太局限,过于自我,仅是关键词就筛掉了绝大部分人,大家不知道他们在说什么,无法与他们共情。

你想让更多人产生共鸣,就需要站在大众的角度去思考。

实际上,我们都习惯以跟身边人交往的方式去跟所有人打交道。但生活中,其实绝大多数人都不在同一个圈子里。现在想要在短视频平台占有一席之地,你就需要多跟圈子外的人打交道,学会换位思考。

激发用户好奇心的重要性

　　人都有好奇心，好奇源自人的本能，今天人类之所以稳占生物链的顶端，本质上就是因为有对于未知事物的好奇心。人类因为有好奇心才不断探索这个世界，好奇心是推动这个世界进步的原动力，这个世界因为好奇心才变得越来越美好。

　　我们对新鲜的事物充满好奇和期待。与未知的相关性越大，好奇心就越强，所以好奇心驱动社会进步，好奇心也是做内容的撒手锏。

　　内容不分平台，很多视频创作者的内容开头就激起了用户极大的好奇心。就拿抖音平台的某个博主举例，他经常在视频开头说"今天我们去新发地菜市场，看看这些大老板都开什么车""今天我们为这两辆车搭配两套 QQ 秀，到底效果如何？ 欢迎点评"。他的内容首先就抛出一个引发人们好奇心的话题。再比如，拍探店的视频，开头不说探店，而说

"今天我承包某店，看看这家店一小时到底有多少收益"，这也是利用了大众的好奇心。类似的例子比比皆是。

某视频门户网站上曾经有一个热门视频，叫"随机挑战"，一个月热度不减。挑战机制是以抽签或扔骰子的方式进行一切随机的选择。例如，跟朋友出去吃饭，你们出行的方式随机，骰子扔到二的人就走路，扔到三的就打车，扔到四的骑自行车；大家到了店里，具体点什么菜、各自吃什么也都是随机选择。这个挑战火了一个月。好奇牵动着每个人心里的那一小部分期待，观众不知道接下来会发生什么，就会想看下去。这样，流量自然而然就来了。

想要激发用户的好奇心，不断吸引更多流量，提问也是一个好方法。

站在用户的角度，开头提出一个好问题，勾起用户的好奇心。你要知道用户在意的是什么，好奇的是什么，再去满足他们的好奇心。那怎么满足用户的好奇心呢？我的方法如下。

把好问题当作"钩子"

想要满足用户好奇心，开头就需要提出一个好问题，但不能直接给出答案，因为满足好奇心是一个过程，你要一步步地回答这个问题。很多演说家都会告诉你，演讲的第一步就是下"钩子"。实际上，就好的内容来讲，"钩子"就是我们用的"抓手"，能抓住用户的注意力。

制造冲突曲折感

下了"钩子"后，就要让"钩子"里面继续带"钩子"，不断制造冲突曲折感，拆解内容并讲细节，让内容层层递进。假如我们做长视频的内容，怎么才能让用户持续听下去？直接给出答案肯定是不行的，你需要持续不断、层层递进地下"钩子"。

对于剧情类账号和知识类博主来说也是如此，想要满足观众的好奇心，你在内容中给出的信息密度就要足够大。你通过前面的内容把观众的期待值提升得越高，就越要一步步把内容补完整。你在后面的内容中给出的信息不仅要足够多，而且要有核心观点，这个观点还要让观众有获得感。有获得感和真正的获得是不一样的，获得感是"我感觉我好像从中学到了东西"。

要学会制造槽点 [①]

槽点要与大众有关，和主题相关，但不一定是强相关。制造一些大众感兴趣的槽点去吸引用户，通过槽点引发互动，把内容维度拓宽，让内容更丰富。不断地放槽点、放冲突，也是在不断地给用户带来新鲜感的刺激。

比如，武侠小说中主人公的成长故事的逻辑本质上都是一样的。写英雄的故事需要不断给英雄制造障碍，让他不断地成长。如果英雄没有成长的过程，一开始就武功天下第一，大家就没有兴趣往下看了。在他不断成长的路上，不断有新的人、事、物出现，那些人、事、物也都有可能成为吸引用户的槽点。

---

① 槽点，互联网流行用语，指语言文字中容易让人讨论、评价的地方。

用有反差的内容吸引用户

生活中处处有反差，反差发生在不同场合、不同领域、不同时间，往往因为出人意料而引发讨论。有反差的内容，是打破了事情的惯性与逻辑的内容，打破了大众的惯性思维和惯常认知。那么，我们该如何制造反差呢？

做出和固定形象相反的事

每个人都是有固定形象的。我们的形象出现在他人视野里的那一刻，他人就会对我们产生第一印象。人人都有固定形象，而反差就是做出打破固定形象的事。

例如，一个身高一米九、有八块腹肌、长相英俊、连头发丝都干干净净的男生，根据固定形象，大众会认为拥有这种形象的人可能是明星或者模特，但他在经纪公司的门口当保安。这是形象与职业组合的极大反差。一个妆容精致、貌若天仙的美女，开口唱歌后，弹幕都在说"可惜仙女长了嘴"

或"你不说话我还喜欢你",因为大家想象不到一个美女的歌声竟然与形象如此不符。这是一种人设反差。再比如,某个直播间里卖老年条纹衬衫,一些老年人穿着条纹衬衫,排着队在直播间展示自己的舞姿。通常情况下,大家是想象不到这个画面和这种形象的,这也是固定形象反差。

我们经常能看到这种形象反差的例子,这些例子往往会引发大众的热烈讨论。形象或人设越出人意料,就越能引人注意。

逆向思维做内容

我们在做 IP 账号的时候,要学会运用逆向思维做内容。比如,有一个抖音账号卖某个潮牌男装,按照正向思维的话,应该找符合潮牌男装品牌风格的年轻模特来拍视频,号主却找了一个很时尚的网红老先生来带货。这是真实的例子,这就是用逆向思维去做账号内容。所有潮牌拍摄视频都找年轻的帅哥模特,没有任何的差异化,那就用逆向思维制造反差感:你们找年轻男士,我就找帅气老先生,让老先生去穿潮牌衣服,他穿着都时髦,大众肯定会下单。结果,不仅服装销量好,账号也涨了不少粉丝,这就是用逆向思维做内容制造的反差效果。

近来网上比较热门的测评类账号，也是在用逆向思维做内容。例如，网上各类女装测评的短视频，很多都是请女生测评，给出的评价是"穿一个月不起球""反复揉搓不掉色"等，让女生测评女装就是用的正向思维。相应的运用逆向思维的视频就是让男生以特别粗犷的行为去测评女装，他可能会很夸张地拿刷碗的钢丝球去刷衣服，测衣服起不起球；特别使劲地搓洗裙子，测裙子掉不掉色。

颠覆已有的行业认知

在行业原有基础上进行叠加创新，通过跨界颠覆形成反差，是更高维度的一种反差。例如，在直播领域，以农产品为核心的电商品牌东方甄选就火爆一时。曾任新东方英语老师的董宇辉与直播行业其他带货博主就存在极大的反差。正常情况下，观众不会想到一个知识类博主会去带货，而且董宇辉颠覆了行业和赛道的原有玩法，颠覆了大众对直播带货赛道的认知。很多人对带货主播的固有印象就是喊"三、二、一！上链接！"的口号，虽然大家都这么卖货，但董宇辉就不这么卖，他以讲授知识、讲故事的方式去卖货。我觉得董宇辉颠覆了观众对一个行业的传统认知，他的跨界颠覆形成了反差。

我们当下做内容，要懂得如何层层递进去做反差。首先从你的固定形象出发，考虑能不能去做和你的固定形象相反的事；然后运用逆向思维，跳出人设本身去考虑内容，去做账号；再利用发散性思维跨界思考行业规则的合理性，要学会将你所拥有的知识投入别的行业，做跨界创新。

用比较心理做内容

有比较心理是人之常情，很多创作者会通过内容调动用户的比较心理，制造论点，让两种价值观进行碰撞，从而吸引流量，打造热点话题。那么，我们该如何用比较心理去做内容呢？

直接比较，显性比较

直接将两个群体进行比较，包含人与人的比较，物与物的比较，都是很显性的直接比较。这种直接比较能获取一定的流量。因为你把两个群体放在一起做比较的时候，双方都想看你会给出什么样的结论。这是群体对比的心理。

物与物的对比，常见的有测评类视频。例如，对所有品牌的有糖或无糖可乐做测评，对 8 款防晒霜做防紫外线功效的测评。产品上的比较也是人们乐于关注的比较。

有态度的比较，价值观的比较

有态度就必然有比较，更高级的比较是在内容里进行隐秘的比较，利用人的偏见做价值观的取舍比较，让用户自发讨论。举个例子，有本书叫《反馈的力量》[①]，其中提到在维基百科里，列出了大概 200 种偏见。也就是说，人只要有观点，就必然有偏见；有偏见，就会有观点。同样的，只要有态度，就必然有比较：有鲜明的观点，就会有人支持你，也会有人不认同你。懂得运用比较做内容的创作者，往往能给出一个鲜明的价值观，引导大家去讨论。

为什么总有人说越优秀的人越做不好抖音？因为很多优秀的人不喜欢展示态度，不轻易评价，总觉得自己不应该有态度。实际上，世界上没有绝对正确的事情，态度本身就是一种更高级的比较。你在内容里面有自己的判断的时候，其实就是有态度；对于大家关注的事物你给出态度，你的价值观就是鲜明的。只要有态度、逻辑自洽、价值观鲜明，你就能够筛选出价值观相同的人。

---

① 钱德勒，格雷什. 反馈的力量 [M]. 付倩，译. 北京：民主与建设出版社，2021.

暗含槽点，制造比较

用槽点制造比较，好比草船借箭。有些短视频表面上不表明态度，不评判某个事物，实则可能暗含表明态度的某句话或某个话题，很多无意的内容其实是有意的设计。具体做法通常是抛出某个观点，通过比较引发更多关于该观点的讨论。这个观点里面往往暗含让大家想去比较的槽点。

在内容里面制造比较，往往表现为内容本来是 A，结果大家展开了关于 B 的讨论。

比如，你要跟观众讲讲咖啡的功效，测评过程中你用了一个特别好看或特别奇怪的杯子，这个杯子就与测评的内容形成了对比，会有很多人问你杯子是从哪里买的。其实这个杯子就是你用"新奇特"的方法制造的一个槽点，让大家展开讨论。有时一个主播做直播，他的粉丝和观众也认可他讲的东西，但大家依旧会分心，关注他戴着什么样的帽子，穿着什么样的鞋子，本质上都是因为他故意制造了槽点，让大家产生了比较心理。

用一个话题涵盖多个人群

心理学家伯特伦·福勒曾提出一种心理学现象，他认为人们常常相信笼统的、一般性的人格描述与自己相符，即使这种描述具有普遍性和模糊性，人们仍然认为它反映了自己的人格面貌。这种心理叫作巴纳姆效应，是以杂技师巴纳姆的名字命名的。

人都是多面性的，但每个人的身上也都有相似的特质。你想让自己的内容吸引流量，涵盖更多人群，就可以运用巴纳姆效应。让你的内容跟大众有关，聚焦共同话题，在话题的设计中，抓住大众"对号入座"的心理，让大众在价值理念上认同你。

那么，能涵盖更多人群的话题具备哪些特点呢？

符合底层需求，与底层需求相结合

解决具体的问题需要用到具体的方法，但涉及观念的问题往往是抽象的，比如价值观。越抽象的东西往往越能从中找到大家共同的认同。比如马斯克要探索火星，拯救人类，很多人都觉得"探索火星，拯救人类"这件事情与"我"有关。至于马斯克发明了哪种技术，技术具体的应用方法，技术背后的原理，大部分用户就不感兴趣了。所以，我们应该利用与"我"有关，与大众相关这一点来吸引流量。我们制造的话题要符合底层的需求。

安全与健康问题是大众最关注的问题之一。所以，关于安全与健康的选题基本都自带流量。比如，"你喜欢吃荔枝吗？小心荔枝病"这种话题覆盖的人群范围就非常广。安全与健康，爱与浪漫等都是涵盖很多人群的话题，现在的商品和服务只要跟这些底层的关键词结合，往往就可以获得关注。比如，介绍家居用品的话题，不说具体家具，而是先说安全风险："家里老人为什么容易摔倒？因为你们家地板有问题！"这就是跟安全与健康相关的内容。

涉及范围足够大的话题，高频遇到和发生的事情

如今做短视频，有人总说"选题要广泛，定位要垂直，内容是漏斗"。我们讲主题的时候，要吸引潜在用户，基于

潜在用户的需求，赋予内容意义感。

比如，一个卖感统训练课程的 IP 账号，在视频开头就直接介绍感统训练是如何训练的，这个话题的受众可能就很有限，许多观众直接就走了。因为这些观众觉得，感统训练跟"我"没关系。这时候，就需要把话题引向很多人都可能高频遇到的事情上，结合具体的产品和服务，提供具体的课程，让课程跟很多人高频遇到的场景相关联。

还是讨论上文的感统训练课程，在卖课时，要先把话题引到孩子注意力不集中的问题上，比如在视频开头说："你们家孩子好动吗？"感统是一个很具体的领域，但孩子好动和专注力不足的问题是与大众相关的问题，你要做的就是找到与大众高频相关的热点词，将它们变成相关的问题，对用户进行知识普及，从而获取流量。

具体而言，找到这类话题的方法有以下几个。

高频遇到的关键词

想要找到涵盖人群多的话题，就要先找到多数人会高频遇到的那些关键词，例如前面提到的关于安全与健康的关键词。接下来，就要从中找到大众高频遇到的问题，确保这些问题覆盖的人群足够大。

关键词要变成接地气的问题

关键词说得要足够接地气，要把关键词变成对应的接地气的问题，与大众的生活具体相关的问题。比如，关键问题为"如何写好脚本结构"的视频就不能引起广泛关注。"脚本结构"四个字就限制了受众群体，导致这个视频无法获得更多大众流量。这时候，我们就要去问更接地气的关键问题，不问会不会写脚本结构，而是问："你知不知道你的视频为什么没意思？"这就变成一个与大众相关的关键问题，把原来的问题"翻译"给了大众。

从用户角度出发，符合用户的潜在需求

话题不能脱离用户的潜在需求。不考虑关键词和主要知识点的相互对应，脱离了用户需求的话题，吸引到的用户也只能是泛用户。你的话题落点跟核心用户的产品或服务需求没有任何相关性，你的内容逻辑也不容易自洽。我们可以用关键知识点来反推问题，从用户角度出发，换位思考。不要脱离你的用户的潜在需求，不要脱离你所能提供的产品或服务的范畴。

你要知道你的目标用户的最底层的需求是什么。比如，我分析过我的目标用户，发现他们始终最在意的有两件事，

一是到底能涨多少粉丝，二是到底能赚多少钱。所以我想出的话题要让我的目标用户觉得和他们相关，做拆解任何账号的视频时，我的开头都是"这个账号多长时间赚了多少钱""这个账号怎么做涨多少粉丝"，这是我精准吸引用户的一个方法。你要了解你的用户的最底层的需求，对底层的需求有足够多的把握，才能够找到一个覆盖人群广的话题。

与同行做出差异化

短视频行业的内容同质化现象似乎越来越普遍，之所以出现如此多的同质化内容，是因为很多人做账号缺乏创意。他们认为照搬数据好的内容，就能获取更多流量。

但是，同质化的内容往往会带来很多弊端。

同质化内容影响平台生态

从平台角度出发，平台运营方都希望创作者的内容丰富且多元化，不希望平台的用户总看到差不多的内容，所以同质化内容容易被平台限流。大多数创作平台都有原创保护机制，比如抖音平台，如果某个拥有百万粉丝的 IP 账号首创了某个内容，之后有人发了跟他差不多的内容，后者就会被平台限流。因为对于平台运营方来说，同质化内容过多可能会影响到平台用户的体验，运营方要保护平台的生态。

同质化内容会带来审美疲劳

从用户角度出发，那些会让用户产生审美疲劳的内容，往往会压垮整个行业或赛道。

例如，现在抖音平台上的探店视频，形式和内容几乎都差不多，导致整个赛道的流量消退。用户经常看到同样的探店内容，或听到几乎一样的说辞，难免出现审美疲劳，会对这类视频逐渐失去兴趣。

内容同质化会阻碍创作新手的成长

从个人角度出发，如果你是一个刚开始做账号的内容创作者，可以在别人的优质内容的基础上创新，但不要一开始就照搬热门内容，在照搬的过程中你没有思考与设计，没有创意，在技术层面没有进步，不仅很难有流量，你也不会获得成长。

流量大的号借鉴流量小的号的内容是可以有流量的，因为流量小的号没有多少人能看到。但如果你是一个刚起步的内容创作者，就不能过多借鉴行业的头部或腰部账号的内容，更不用说照搬他们的内容。这类账号已经有几十万甚至几百万的基础粉丝，或者有好几年做内容的经验，他们势能强、粉丝基数大，又有平台的原创保护。你做跟他们一样的内容，用户是根本看不到你的，而且拼凑、搬运的内容本身也难有内核，缺少传播效应。

那么，应该从哪些方面追求差异化呢？

呈现形式差异化

在短视频行业，不同的呈现形式就是指不同的拍摄方式，我们要观察同行是怎么呈现故事的。比如同样是卖零食的账号，有的号主拿着零食边吃边给大家介绍，以口播的形式拍摄；有的扮孙悟空和猪八戒，边打斗边介绍零食，以剧情演绎的方式呈现；还有的介绍一堆零食，测评哪种零食好吃，以测评的形式呈现。总而言之，同样的赛道，我们可以通过不同的呈现形式体现差异化。

人设差异化

比如情侣账号，大家的呈现形式几乎都一样，都是情侣相处的日常生活。要想跟同赛道的视频区分开，就要从人设上做差异化。你要多看看其他情侣账号的内容。如果大家的人设都是"男朋友很贴心，极其会照顾人"，那你就可以做差异化的人设，比如将跟女朋友相处的方式转变成跟兄弟相处的模式。

你在打造 IP 的时候，也可以去思考你的性格特点、说话方式和行为模式，以及你和你的搭档人物之间的相处模式，能不能和其他同类型的账号区别开。如果可以的话，那你就有了在人设上做出差异化的机会。

内容差异化

前面说过，同质化内容会给各方带来消极的影响，所以在内容上做出差异化，才是吸引流量的有力抓手。

相关性故事做替换，案例和故事的迁移

一个好的内容里面一定有故事。能不能做出差异化，关键在于你能不能把这个故事替换成你的故事，且是有相关性的故事。例如一个因成绩不好被父母批评的案例，就可以替换成因工作不用心被老板批评的案例。案例和故事是可以替换和迁移的。任何故事背后都反映着某个道理，你可以把这个道理提炼出来，再用另一个故事讲清楚这个道理。视角不

同，也能对故事有不一样的解读。

借鉴选题，选题相同，观点不同

借鉴选题，其实就是把观点的差异体现出来。同样的选题，观点不一样，做出的内容也会有差异，比如"为什么认知水平越高的人越做不好短视频""为什么富人的钱更好赚"。任何大众化的选题里都会有不同的理解和观点，你给出自己的思考和理解，你的内容自然不一样。这就好比你看过别人的好内容，将它消化吸收后，用自己的话讲一遍，可能讲出来的内容就完全不一样了，这也是内容的差异化。

脚本结构不同

几乎所有视频都是有脚本结构的，行业内的文案结构如果普遍是"强吸引＋论点＋论证＋引子"，那我们就可以改成"强观点＋故事＋悬念＋引子"。脚本结构不同也是一种内容上的差异化。别人不讲故事，只讲论点和论证，我们改成通过故事阐述论点，整个内容也会不一样。

还是拿探店视频来举例，一般探店视频的脚本结构都是"进店＋菜品介绍＋引导关注"，即视频开头是进店，中间介绍菜品，结尾引导关注。你想做差异化，就可以修改这个结构。

例如，将探店视频的开头换成"挑战"："挑战承包餐厅3小时，看我能赚多少钱。"中间还可以进行剧情演绎，去扮演餐厅老板，结尾可以再加上一个挑战失败的反转剧情。这时的结构就变成了"强吸引挑战＋剧情演绎＋反转"。

在这个人人都是创造者的时代，内容就像地基，差异化是高楼。你的内容是你的地基，做内容先要打稳地基，但内容差异化才是你的高楼，差异化决定了你的楼到底能建多高。

怎样写出吸引眼球的金句

人们在交往认知中，经常容易形成以点概面或以偏概全的主观印象，心理学上称之为"晕轮效应"，这种效应本质上与"聚焦错觉"相似。在现实生活中，"晕轮效应"几乎无处不在。我们看到别人身上某点很好的品质时，就容易把它放大，很自然地觉得对方的一切都好。我们在创作时需要用到的"金句"，其实也在发挥这个作用。

我们做内容或直播的过程中，都会总结一些金句，不断地融入不同的故事和案例之中，从而加深观众的记忆。观众如果觉得这句话击中他了，他就会认可你，或者有获得感。

那么，在运用金句的时候应该注意什么？怎样才能用好金句呢？

不要滥用

金句不能乱搬和滥用，一定要与你整篇文章或整个视频的核心观点相符，或者是通过一句话或一个词说出了你整个内容的核心观点。这才叫一个有用的金句。金句用得多不如用得巧。用巧金句对你的内容有升华作用。

金句可以重复，能提高用户黏性

金句可以重复，不需要总想着去造新的。比如，我在我的视频里总说"相信爆款是重复的"。你的口号重复喊几个月，你说的那句话也会不断地加深用户对你本身的印象，相当于把你的价值观或观点不断地向你的用户输出。如果用户认同了你的价值观，就会对你更加认可，用户黏性也就随之增强了。

金句用在结尾部分，加深"晕轮效应"

金句一般用在结尾，起画龙点睛的作用。很多热门的剧情账号会在视频结尾抛出和整篇剧情相符的一个金句，让它起到升华的作用。这就是前面说的晕轮效应：我本来看前面的剧情看得迷迷糊糊，但是这一句话击中了我，我就会觉得整个主旨都升华了，整个剧情都变得精彩了。

那么，金句从哪里来呢？

金句从引用中来

你可以在日常生活中多记录，用备忘录记录读到的、听到的或者自己想到的金句。

金句从提炼中来

关于金句的提炼和总结，我给大家分享几点心得。

第一，金句要简洁、好记。可以将你喜欢的一段话提炼成一句话或短语，这样利于传播。

第二，金句最好能接地气、通俗易懂，传播金句的前提是要说给别人听，让更多人听得懂，这样传播效率才会高。

第三，金句最好是有力的，例如，"用人要筛选不要培养""相信爆款是重复的"，这些都是非常有力的金句。金句要有肯定感，能给别人带来力量。金句还要有高度概括的作用，一句顶一百句的才叫金句。

金句从改编中来

举个例子，"爆款的基础是爆款"和"相信爆款是重复的"其实是一样的。我们之前都在说"爆款的基础是爆款"，我只不过是对它进行了改编，"相信爆款是重复的"就成了我的金句。很多话语本质上都在讲述同一个道理。拆解出内容的关键词和核心观点，用大众能够听懂的话改编那些专业性强的部分，就能创造金句。

大多数人对于金句的重要性是心知肚明的，但问题在于，他们对金句不够敏感，也缺乏金句意识。他们会说一长串话来说明一件事，而不是将一长串话凝练成一句有力且利于传播的话。当你有金句意识的时候，你自然会以简练的方式表达。你会发现有些话你在不同场合说都是可以的。经过反复的使用后，这些话就能被自然地应用到更多场合里。你甚至可以给自己准备 100 条金句，将这 100 条金句用到谈判、开会、直播、短视频等任何场景里。

无论是做视频还是写文章，抑或是你与别人交谈，如果你想让别人对你产生认可，你可能就需要用金句让你的整段内容升华。比如，直播时你说了很多话，观众都没有反应，这时候你抛出一句金句，观众往往就会积极与你互动，这就有利于你的内容传播。同时，你自己要有金句意识才能够开启别人的金句意识。想要培养用户的金句意识，你需要不断重复金句，要引导别人对你产生记忆和认可。

第七章

借势营销

如何理解借势营销

借势，其实就是借助外力，去完成你想完成的事情，达成你想达成的目标。从流量角度来看，借势营销就是一种非常聪明的做法。关于内容创作时的借势，我认为有以下几种不同的方向。

向上借势

在流量世界里，我们所说的向上借势，不是指日常生活中的聚餐社交，而是流量的互通。

创作者打造 IP 是一个非常漫长的过程，做内容、做流量难免会遇到瓶颈，这时你一定要懂得借势。如果只是凭干货闷头做内容和输出价值，虽然可以获取流量，但不会持续长久。你需要向上借势，让流量互通，突破瓶颈，突破自己。

实现向上借势的方法有很多，例如抖音的合拍功能，本质上就是让大家互相结识并链接流量。创作者通过合拍，可以两个人共创一条视频，视频发布后，能同时出现在两个人各自的账号页面上。假如两个人各有 100 万粉丝，就相当于有 200 万人都能直接看到这个视频。这时，他们的粉丝就互通了。这就是借势，即流量互通。

我见证过很多网红的成长，几乎没有任何人可以单凭自己让人气经久不衰。当你用干货起号、做流量遇到瓶颈时，最好的办法就是去借势，你可以跟其他网红博主合拍，不停地和外界联动。这就是向上借势，借助别人的势能，助长你自己的势能。

平级借势

借势中发生的故事是很重要的。你和别人会发生故事，故事会在网上传播，引起用户的讨论。有链接就有故事，有故事就有八卦。比如用户会好奇"他们是真的在一起了吗""他们到底是什么关系"，当你引起了用户的激烈讨论，甚至有更多人开始在网上议论你的故事的时候，你就有流量了。

只要你有故事在外面流传，用户就更容易记住你，更利于你的流量长盛。这就是平级借势，基于你与身边人的故事去借势。

向下借势

现在短视频领域的借势大多都是向同类型的网红借势，或者是向上借势，大部分人都没有向下借势的意识。有很多博主的向上借势已经"借"到明星层面了，但对于很多人来讲，很难链接到这种资源，而且向上借势可能会得到负面的评价，可能有人会说"谁红你跟谁玩，就知道蹭流量"。所以有的时候，向下借势其实效果更好。

有一段时间，我涨粉非常快。那段时间有很多粉丝量级比我还小一些的博主在讨论"做内容一定要关注的账号"，忽然有很多账号都在推荐我，让我转眼间涨了近十万粉丝。在这之前，我也没有关注过向下借势。那段时间我突然意识到，比起一个大博主推荐我的账号，十个小博主的影响力有时候会更大。

过去我们常见的品牌方打广告的方式，都是找大明星或者大网红做推广，而现在很多品牌在找小网红带货，对于品牌方来说这就是向下借势。这也是一个趋势。一个有千万粉丝的大网红，一个人能带来的曝光量是有限的，而且请他推广的费用也比较高。但假如品牌方找小红书或抖音平台上有几万或者十几万粉丝的小网红去推广，不仅能减少推广成本，有时候宣传效果还会更好，会引发群体讨论。

大家经常会看到，突然出现的某个产品引发全网的热烈讨论，这就是用商业思维去向下借势的结果。所以，打广告不要只局限于找极出名的人，要懂得向下借势。

借势有时候"借"的是你积累的专业和行业经验的"势"，有时候"借"的是学历的"势"，这些都属于你积累的资源。

你在打造 IP 账号时，一定要知道你在做什么，想要的是什么。如果你想要的是流量，就不要羞于去借势。很多人不愿意去链接网络上的人脉，不愿意和其他博主互动，但这些都是你获取流量的方式。借助他人的势能，有了流量之后，你才能更好地输出你的内容价值。

信服感对营销的巨大价值

现实生活中，人们要处理的信息和获取的资源太多，给他们制造信服感本质上就是制造"权威效应"，让大家减少决策成本。

不难发现，做内容的人的说辞往往片面和绝对。一些内容类博主在直播时，往往会说彰显权威性的话语，比如"所有的观点以我为准""听我的就行了"，看上去底气非常足。当你树立起权威，让观众对你有信服感的时候，观众会觉得你这个人可以依靠，可以相信，跟着你行动就对了。

人总想相信点什么，依靠点什么，总想给自己找到信仰，否则内心会感到不安全。也可以说，人总是在寻找让自己信服的事物，或是一本书，或是一个 IP，或是身边的一个人。

所以，制造信服感可以从权威效应入手。在制造信服感的过程中，有些关键点还是需要注意的。

要坚定，更要自信

想要制造信服感，成为权威，你自己必须是一个很有方向感的人，有清晰的自我认知，知道自己在做什么。一个不自信、不自洽、不坚定的人，基本上是不可能给别人制造信服感的。

助推别人，而不是改变别人

其实每个人心里都有自己的答案，很多人向"权威人士"咨询，本质上只是想再次确定自己的答案。比如，我们经常看到直播连麦的过程中，有人向主播提问，主播回答了他又会纠结，那是因为他自己心里是有答案的，他只是想从主播这里获得肯定，让主播告诉他"你行的，你可以，去做吧"。让人信服的本质不是去强行扭转他人的观点，很多时候只是给他人一个确认。

要知道，我们无法轻易改变别人。你的内容吸引来的都是跟你有共鸣的人，他们心里已经相信你的观点。这时，你要做的就是拿出你坚定的态度，助推一把他们内心的想法。在做 IP 助推老师的过程中，你能起到的一个关键作用就是给用户一点希望和动力。用户只是害怕做决定，你的肯定能给他们增添很多信心，会给他们很大的希望。其实这也是出于信服感。表面上看他们是听从了你的观点，实际上是你的观点顺应了他们的心，然后再去推了他们一把，他们听从的是自己。

在擅长的领域发力，用结果证明实力

制造信服感，要学会把别人带到你的思维里，带到你擅长的领域之中。比如，有人擅长的领域是商业，他就会说："这个项目或这个行业，谁要是跟我合作，他在我这里一个月能赚1000万元。"他用案例证明自己的实力，也会让人有信服感。

"你想跟我学账号如何涨粉？我做过涨粉300多万的账号，你现在有多少粉丝？3万？直接报课吧，什么都不用问了。"这就是拿结果说话，也会让人有信服感。很多时候人需要这样，信服感给用户带来一种心理上的满足感与安全感。

借故事做营销的关键点

人们是靠理性认知世界，靠感性连接世界的，所以会讲故事很重要。有句很经典的话是"感性是理性的家园，理性是感性的延伸"。你做内容讲逻辑和理性的时候，用户虽然很想看你的内容，吸收你视频中的知识点，但实际上是很难集中注意力的，会下意识地想去做判断和反驳。但你讲故事的时候，就好比给用户讲一部电影，不知不觉就把情节讲出来，让用户关注起你的内容。

可见，故事对营销的成败有着举足轻重的作用。故事的重要性，体现在以下几个方面。

故事是获取流量的利器

纵观互联网行业，做过短视频内容的人几乎都知道，会讲故事的创作者最厉害。故事是获取流量的利器，可以有效提升视频的完播率。

举个例子，有人跟你讲了一个很诱人的故事，他说："我跟你讲啊，去年我还是一个月 1.5 万元的工资，最近我发现了一个项目特别好！我就参与了两个月，现在一个月能赚100 万元了。你知道这个项目怎么做吗？其实非常容易！但我马上要出差，去趟上海，等我三天后回来再跟你详细说。"这就是一个好的故事，它吸引你之后，你如果不听完这个故事，就会感到很难受。短视频的完播设计也是一个道理。你开头用故事吸引用户，让他们想把你的整个故事看完，不看完会感到难受，那么这个视频是能得到较高完播率的。

感性的故事比理性的判断更容易打动人

有人说"逻辑是强拉着用户跟着你走，但是故事是让用户不知不觉地跟着你走"。比如，你去跟别人讲逻辑、讲道理，别人会去做判断和反驳，因为道理碰道理，这是理性和理性的对抗。他会在理性层面对你的道理进行判断，对你这个人是没有任何情感连接的，只是在听你讲道理。

但故事不一样，好的故事确实是能不知不觉地引导别人的，会让人想持续听你的故事。

举个例子，张三向李四借了 100 万元，三年没还，这三年李四也从来没有催过他。突然有一天，张三寄来一封信，上面写着："我现在债还上了，生意也好了，感谢你这三年对我的信任，从不催我还款，现在我要把 100 万元换成 300 万元还给你。"读完这封信后，李四觉得张三人真好，然后把欠条撕了，300 万元不要了。

这就是一个非常有意思的故事，但它到底讲了一个什么事呢？在商业领域，讲的就是一个非常值得信任的人，你可以跟着他做招商加盟。用户会不知不觉地被带入这个故事，会觉得李四这个人不错，值得信任，对朋友这么好、这么仗义，以后加盟得跟着这样的人干。

世上有成千上万的人在做招商加盟，用户为什么选择跟着你？就是因为你讲出来的故事让用户不知不觉地跟着你走，这一个故事有时比你列举你的 100 个项目产生的收益还大。

故事是独一无二的个人资产

我们今天所讲的 IP 经济、知识付费，其实一半是知识，一半是故事。你的故事是最重要的，是你的特性，是你身上独一无二的品牌资产。用户能够记住你身上的故事，才相当于真正认识你了。

打造 IP 要懂得立人设，通过讲好自己的故事立人设。你的人设区别于他人的地方，就是你的故事。你帮助别人的故事、成功的故事、创业的故事，甚至是你觉得跟用户无关的故事，都可以成为你最终的品牌形象。

举个例子，你正在做某个知识付费的内容，其中讲到了你和你父亲的故事。这听上去似乎和用户无关，但这个故事给你增加了巨大的用户黏性和收益。

IP 不能没有故事，没有故事的 IP 是没有温度的。故事让用户记住了你，产生了对你的认知。

那么，一个好故事应该由哪些要素构成呢？

情感打动人

故事蕴含的情感得能打动人，情感有时比结构更重要。有的故事结构本身并不完整，但是氛围感到位了，直接打动了观众，让观众看了视频会落泪，这就是好的故事。

有冲突和矛盾

　　好的故事必然有冲突和矛盾。我们要找的是自己过去经历的冲突和矛盾，看到别人身上的冲突和矛盾。冲突和矛盾是故事的核心。我们常看的小说故事，往往就有矛盾的缘起，以冲突为高潮，最后由真挚动人的情感描述收尾。

故事里面一定要有好的"钩子"

大部分人做流量，最终目标都是变现。所以要知道，讲故事是为了什么。会做内容的人，讲故事时是懂得如何埋"钩子"的。

故事之所以需要"钩子"，是因为大众都反感硬性广告，要避免直接讨论产品。在故事里面下"钩子"，不能让目的暴露得太明显，要在故事里植入你要卖的产品或项目。

最好的故事是本身流量大，还有"钩子"的故事。这种故事几乎是一本万利的。就好比我讲了一个故事，你根本就没有看出来我是想卖你产品，但实际上你会来找我付费。这就是一个非常好的故事。但凡网上出现了一个好故事，故事讲述者自己或是赞助平台都会去给这条视频投放广告来引流。把好故事不断投给你的用户反复看，用户就会不断给你付费。就像我们前面所说的，好故事会让观众不知不觉地跟着你行动。

我们今天讲的好故事的标准，不是大家通常认为的好故事的标准，而是能够产生价值的、能够变现的故事。

举个例子，一位很会讲故事的女性博主，她的粉丝基本都是女性，她的视频也都是与女性相关的内容。

首先，她讲她的成长故事，讲述她小时候亲眼见到爸爸家暴妈妈的场景，被迫辗转在不同的成长环境中，遭遇过抛弃，也遇到过暴力的经历。她的成长过程中也不断出现各种冲突。她痛苦的故事拉近了观众与她的情感距离，悲惨的遭遇在情感上打动了观众。

其次，她不是一味"卖惨"，又将观众的同情慢慢拉到共鸣，以及女性共同追寻的人生意义或愿景上。她的妈妈遭受家暴后，会不断地跟她说："你一定要努力，我们才会有希望，一定要努力，我们才会有明天。"她就在那一刻明白了女性一定要独立。女性要独立，这一句话就击中了很多女性，而且关注她的很多都是女性老板。把人设立住后，就吸引到了有共鸣的人。然后，她就讲她开始创业的故事，比如如何创业，如何开了多家分店。到这里还是在立人设。

让观众产生共鸣之后，就要用人生经历植入产品了。"我有十年开店经验，并且开了五家店，利润一开始不好，后来逐渐盈利，现在单月单店业绩几百万元。"这时候，观众就会想知道她到底是怎么做到的，想要跟她学习。故事讲完了，你觉得这个故事值多少钱？

这时，就会产生知识付费。很多观众看到了她的成长故事，会喜欢她，认可她。看到这么不容易却这么努力上进的女士，观众会信任她，也想像她一样独立。那如何独立呢？很多观众也想像她一样开一家店，但不会开店，或者开了店业绩不好，便想找她学开店。最终，很多观众就会购买她的创业课程。这就是一个下了"钩子"的好故事。

从吸引眼球，引发共情，到向共鸣者输出价值，讲女性独立，再通过自己的人生经历做产品。其实故事的核心就是"丑小鸭变白天鹅"的成长。女性要独立，且要拿到成果，有成果之后再软性植入产品。

在个人获取流量的时代，故事必然越来越重要。因为故事是用来吸引用户的，让用户不知不觉地跟着你行动。所以当你讲好一个故事时，你的内容才能吸引人，你的产品营销才是生动而自然的。

风口与借势营销的关系

当一个过去不存在的新鲜事物突然出现，例如一个现象级的 IP 或现象级的商业机会出现，并且大多数人都暂时把握不住，但很多人都觉得这个事情可以去做的时候，其实就是风口来了。正如雷军所说，"站在风口上，猪都能飞起来"。

需要注意的是，风口和趋势是有区别的。新行业的风口到来的时候，会带来巨大的市场波动，很多人会激烈讨论这个风口，而少数人会进入这个新行业。在这股风走了之后，该行业就开始泡沫化。等到许多专业人士、精英人士去参与的时候，其实参与这个新行业就已经成为一个确定的趋势了。

比如抖音刚出现的时候，它是一个新鲜事物，很多人都去关注它，但不是所有人都能从中看到商业机会，这就是一个风口来了。很多人都看见了机会，但只有少数人会先去行动。如今，进入包括抖音在内的短视频行业已经成为一种就业的趋势，说明短视频行业不再是风口了。

那么，在借用风口做营销时，应该注意些什么呢？

不要制造泡沫、过度炒作、扰乱市场

风口的出现往往会带来新的营销机会，例如我们常听到的一些高频词"元宇宙""人工智能"，很多人都是借助这些高频词去做与自己相关的营销宣传的。

每年风口都在变，每年都会出现一个新的故事给大众造梦。2021 年造的梦是关于"个人 IP"的梦，每个人都可以做个人 IP，个人 IP 就是一个机会。很多人也借这个风口去做了一波营销。如今，打造个人 IP 已经成了趋势，你会发现市面上有很多自己根本没有做过 IP 的人在教大家做 IP，这就是在扰乱市场。

我们需要注意的是，做风口营销不要给大众制造泡沫，也不要成为制造泡沫群体的一部分。你不要编造故事，不要试图创造一个没有实际意义的新概念，去给大众制造幻想和泡沫。你以为可以"收割"用户，实际上"收割"后，你很容易被反噬，这种行为无论是从道德上还是从法律上都很不好。你也不要过度炒作，不要盲目鼓动大家追风口。

找到风口与你的相关性，不是所有风口都可以借用

在看到风口出现的时候，很多人就不假思索地跳到风口里去了。不要做这种事，看到风口的时候要冷静。如果你想借助风口做营销，也一定要基于你自己的专业去做。基于风口本身跟你所从事行业的相关性做一些解读，这确实可以"借"到流量。你可以借助风口的势能，但营销的时候要守住你的底线。

比如，大家都在说元宇宙时代来了，那内容行业以后就不做内容了吗？当然不是，我们可以在拥抱元宇宙的同时继续做内容。今天我们可能只是在抖音上做内容、做直播，如果元宇宙时代真的到来，虚拟现实技术更加成熟，我们也可以在元宇宙做内容、做直播。执行的方式可能不同，但客观上我们做内容的原则和本质还是一样的。

从流量角度来讲，有时候做流量跟风口没多大关系，风口只是一时的东西，踏踏实实做流量、做内容，满足用户心理需要才是最重要的，不要总想着抓风口。很多时候，坚持做自己的东西就行了。

做流量时，如果大的风口不好跟，可以跟风小热点。比如做短视频账号，如果你要的就只有两个字——流量，想吸

引泛流量，且不要求粉丝的质量与忠诚度，跟大网红的"风"就很有必要。你要时刻关注最近的热门，让你的内容跟热门结合来获取流量。你需要做的就是不断地跟风，跟风甚至可以是你的一个工作准则。

对于另外一种账号，主要指那些想要垂直变现或者有格调的账号，就不建议轻易跟风。比如你是某品牌的创始人，就更不能轻易跟风了。

举个例子，某个知识领域的大博主，他在抖音上做的内容很有品位，他的目的是把自己的身价做高。有时候，他一个订单的广告费就有几百万元。这种类型的博主，一定不能轻易跟风，否则个人标签会乱，粉丝对于他的认知会发生变化，他的品牌格调也会被拉下来。

追大的热点，叫作追风口；追小的热点，叫作跟风。不要轻易跟风和追风口，必须要找到跟你的品牌相关的，跟你的垂直内容相关的"风向"。

高效借鉴别人的经验

今天我们讲的借势，就是别人用的方法我也可以用。它不是指直接去模仿别人的结果，而是去借鉴别人的经验。无论是成功的例子还是失败的例子，你都可以思考其中是否有能借鉴的内容。

借鉴别人已有的经验，一定好过自己闭门造车。有结果的人，他的经验是有价值的。每个在互联网上拥有较大流量的人，他的成长之路都是值得借鉴的经验。

例如，某些研究车和摩托车的女性博主，其实她们是想输出专业知识的，但她们最开始会打造人设，比如穿着打扮时尚，性格爽快，她们的内容和受众群是足够垂直的。把账号做起来再去借势，和行业内外的人联动，然后更改脚本结构。待粉丝增加后，继续借势，继续改模式，如此循序渐进。大网红，或者说有很大流量的人的经验是非常值得借鉴的。要懂得"借"别人的经验为我所用。

我们要借鉴的不只有成功的经验，还有失败的经验。这些经验都会对我们的成功起到推动作用。

对成功经验透过表象看本质

从成功中学习，要分析成功人士的整个成长路径。需要注意的是，你要客观分析，并且深入思考，推演对方成功的过程，看看他是如何一步步取得成功的。因为只看表面的话，很多深层次的东西是我们无法知道的，盲目借鉴非常容易出错。我们研究流量，借鉴他人经验做营销的时候，除了关注前端，也要关注后端。

比如，你要研究一个做美发账号的发型师的业绩提高过程。这个美发师只有大约 20 万粉丝，他除了给人理发，还开设了每个月七场的线下课程，一年能实现 3000 万元的变现。假如你在做文案培训，直接去借鉴他的内容，也去开设线下课程。你的粉丝量可能比他还大，看表面你觉得做法都一样，但最后你没有获得和他一样大的收获。

究其原因，是你们的用户场景不同。美发师通常都会在理发店里工作，他们自己就有一个小圈子，圈子里的消息传递得很快，有 40%~50% 的客户会为他们传递推广信息。而文案培训的信息传播几乎都是靠独立的个人，你是不具备同样的场景的。你如果不深入地分析他成功背后的这些逻辑，直接去借鉴他的经验，很可能就会失败。

所以，借助他人成功经验的时候，一定要客观，不要只看表面，要透过表象看到本质，找到最根本的原因。成功的经验是可以被复制的，但借鉴成功的经验就要推演对方成功的过程，避免让自己落入陷阱。

对失败经验提前预判，避免落入陷阱

从流量营销的角度来看，失败经验比成功经验更难得，多学习他人失败的经验，能够有效避免落入陷阱，或者让我们少走弯路。

我们要去了解，他人失败的过程中，到底是哪一步走错了，然后又带来了一个什么样的结果，或者是被迫承担了一个什么样的后果。提前去了解，提前做预判，提前做改变，能让我们少走弯路，节省成本。

在借鉴的过程中，我们不仅要了解别人是如何成功和失败的，还要高效地消化和吸收经验，把借鉴来的经验内化成自己的东西。

自己先思考分析，和别人具备的条件能力进行对比

自己分析就是对比，跟别人的时间、能力、背景等进行一一对比。他是什么样的人？有什么样的背景？他能做到现在都运用了什么技能？这些你能否达到？比方说，别人是从 2019 年开始做短视频的，你是从 2022 年开始做的；别人的作品主要投放在小红书平台，你主要投放在抖音平台。那么，你去复制他的道路肯定也行不通。

和当事人连接，深入了解，精准提问

借鉴他人经验，要尽可能去连接当事人。连接到当事人后，你要找到你自己的一些核心问题。你分析的、看到的很多都只是表象，跟当事人连接后，他也许能告诉一些你看不到的内情。

比如，某个美食探店博主，他给在北京的粉丝集体提供了一个福利："只要你是我的粉丝，来到这几家店就给你优惠。"这就是你想要去模仿，也很难执行的案例。但如果你去跟博主连接，他可能就会告诉你一些内情，例如他之所以能给出这么大的福利，是因为他跟这些餐饮店的老板们还有

另一份合作。那么如何跟店主合作，如果不连接博主，光凭自己分析是想不明白的。

通过自己的朋友、同行、专业人士去侧面了解

向你的朋友或专业人士阐述你的想法，然后你们一起进行想法碰撞，让他们给你反馈，判断你的想法对不对、好不好，从旁观者的角度给你一些建议。基于这些，你就可以再去丰富你的内容的整体架构。他们的意见不一定全听，但也不能不听。

当你迫切想做一件事的时候，你会觉得这件事不存在什么问题，或者是你自己不会深入地思考。有时候，你知道深入思考的话一定会发现问题，但你可能会下意识地躲避，会主观地把一些问题遮盖住，这时候你就需要一些客观的判断。

这种情况下，跟朋友或者同行进行想法碰撞就很重要。他们会从客观角度给你一些建议和分析，向你发问。在发问的过程中，你可能会发现有些问题你根本回答不上来。这些就是决定事情成败的最根本的问题。

其实，人的思维是很容易被局限的，人是需要不断跟外

界交流的。人们常常急于复制别人成功的经验，但在复制的过程中，总会出现一些问题，因为人们往往看不到成功的本质。而借鉴一些别人失败的经验时，你是能够避开一些陷阱的。但人们总是不撞南墙不回头，所以凡事还是得自己去经历。再多人跟你说你会遇到什么问题，你可能依然想去尝试。在吃亏后，你才能成长。

当你有足够的流量时，你能够连接到非常多专业的人，你得到的信息的密度会很大，可能是普通人的十倍甚至百倍。会有很多人告诉你应该怎么做，很多人会说出他们的经验，但这时候，你往往更容易迷失方向。

条条大路通罗马，成功的路径永远不是单一的。但是如果你脑子里同时存储着八条通往成功的路线，你一定寸步难行。学习他人经验固然很重要，但更重要的是你要坚定，你做任何事情的最大底牌一定都是你自己。你需要做的只是去发问，而不是让别人给你建议，要让他人的信息为你所用。

借鉴经验时，不要借鉴跟你自身经历相差太多的人的经验，你借鉴的经验一定要匹配你的经历。

我们在借鉴经验的过程中，不能失去自我。没有主心骨、没有自我的人，只会成为随风摇摆的墙头草。借鉴别人，一定要有定力。虽然条条大路通罗马，但唯有你保持坚定才能最终抵达目的地。

让对手成为自己的引流帮手

假如一条街上有两家奶茶店，那它们必然是竞争对手。但对于靠流量变现的业界来说，我认为不存在竞争对手，只有流量互通。我希望大家都变成朋友，大家可以在一起互相交流经验，联合起来获得更大的流量和市场。

据统计，抖音日活跃用户至少有 6 亿人，即便你有 100 万粉丝，在抖音平台的流量池中，也只不过是一粒沙尘。若是放眼全平台，包括抖音、小红书、视频号、知乎等，流量池就更大了。"蛋糕"越大，每个人分到的流量也会越多。有远见的人，一定会让所谓的对手成为自己的引流帮手。

那么，应该怎么操作，才能让对手成为自己的引流帮手呢？

拒绝恶性竞争，进行差异化联合

做产品的时候，尽量不要跟风，不要总想跟大家做一样的内容，然后通过低价获取流量来打败对手。打价格战的时代已经过去了，在互联网上做的是个人 IP 品牌，低价竞争行为是"伤敌一千，自损八百"的做法，对你毫无益处。

不要总想着你有竞争对手，你要做的是打造极具差异化的产品，让你的产品是独树一帜的，不需要竞争，只需要联合。你可以用这个产品与你的同行合作。举个例子，我所有的同行都在做短视频培训，假如我只做文案培训，那所有同行的课程里面都可以植入我的文案课。我把他们从对手变成了朋友，甚至他们可以跟我合开课程，为我引流。

把对手变成朋友，和对手交流

我个人特别喜欢和对手做交流，甚至批评我的人，我也想跟他们交流。有些话他们可能说得不对，但有些话他们说得很在理，我不对的地方我就会改正。

如果这个世界上有一个人能够站出来批评你，或者成为你的对手，就说明他对你极度关注，我觉得这是很难得的。他可能看到了一些你自己看不到的东西，如果你们还在同一个领域里，就更难得了。创业是很孤独的，有人指正你的错误是很好的学习机会。

生活中，要有人做那个厚德载物的人，要求别人是什么样子，还不如你首先成为自己希望的样子，先抛出橄榄枝。哪怕损失一点利益，我都觉得没有什么关系。从对手身上获得更多的经验，把对手变成朋友，是最难能可贵的，能让自己快速成长。

合理利用他人对你的抨击

如果别人把你当成对手，不断地对你进行言语攻击，这时候心态建设就很重要。

就我个人而言，他人的抨击我不太在意。我不会看重别人对我的赞美，再多的人夸奖我，我也知道那不是我，那是片面的。我在短视频中总是把好的一面呈现给用户，用户才会觉得我好，但他们不知道我有不好的地方。所以，当网络上有人对我进行批评或人身攻击的时候，我也能客观地看待他人的评价。

有一句话是"快乐是需要努力的"。大家都很难不去在意批评。但当有人抨击你的时候，你要客观地分析他的话里面哪些是真的，是需要你去改正的。如果他对你的批评不实，你就不需去回应了。你只需要知道自己是谁，在做什么就够了。IP 要有在网上流传的故事才能长青，一个 IP 如果只得到赞美而没有批评，就说明这个 IP 的人设不够立体。在我看来，对我的批评增加了我的故事的厚重感。

从流量的角度出发，流量是可以互补的。对你的抨击本身也在为你制造流量，原则上黑粉 [1] 也是粉丝。敏锐的 IP 持有者知道，所有流量都可以为自己所用。

---

[1] 黑粉，互联网流行用语，指故意抹黑或抨击某位有影响力的人物的群体。

通过反偏见而行之获流

正如主持人马东曾说的，"被误解，是表达者的宿命"，我们都生活在偏见之中。有态度你就有偏见，你只要支持某个事物，其实就是在反对另一个事物。你只要表达，就注定会被人误解。

我觉得可以把做 IP 的人分成三类，他们面对偏见会做出不同的反应。

第一类是新 IP

第一次接触流量业界的 IP 持有者对偏见的认知往往存在一个误区，那就是在最开始做流量的时候不敢表达态度，害怕遇到批评和反驳。

他们会预想别人对他们的偏见，让观点一直保持中庸。特别是很多企业创始人，根本不敢做 IP，很怕说错话得罪人。但是反过来想一想，如果不得罪一部分人，也无法赢得另一部分人的认同。他们不明白的是，IP 持有者其实就是意见领袖，一定得有态度，有态度就会引来质疑和偏见。不敢得罪人，也接受不了相斥言论和批评的人，可能就会中途放弃。

第二类是做了一段时间的 IP 或者做过一段时间流量的人

这类人会说一些绝对的观点，也明白表达者会遭到误解。他们会跟质疑他们的批评者互相争论，尝试纠正对方的观点，甚至会专门做视频去回应批评和质疑。他们总是在证明自己的观点是对的。

第三类是对偏见无所畏惧的人

这类人中有一部分人是一边贬低一边吹捧。他们知道，要想获取流量，就只能赢得一部分人的喜欢。要想让喜欢他们的人更喜欢他们，就要抨击那部分讨厌他们的人。他们懂得驾驭流量，驾驭人心。他们不怕遭受谩骂，只想获得部分用户对他们的喜欢，保住那部分用户来他们的直播间或者体验他们产品而产生的优越感。

另一部分人是真的不在乎偏见。比如说某些明星，从来没有回复过评论区里面的任何一句话，所有对他们的片面评价和抨击，他们都不在乎。他们从来没有把任何人加入过黑名单，也没有删除过任何评论，也不做任何回应。他们无视偏见，这是十分超然的心境。

这三类人处在应对偏见的三个不同阶段，每一个做 IP 的人都可能经历这样的成长过程。

那么，怎么从偏见中发现机会和流量呢？

把偏见变成卖点

会做 IP 的人，不应该是被用户影响的人，而应该是影响用户的人。用户怎么想你、怎么评价你，应该尽在你的掌握之中。这才是一个会做内容的媒体人应有的态度。

善于驾驭流量的人，懂得利用自己的缺点，甚至把它们当作卖点。比如，我通常会把人家对我的偏见变成我的特点。我经常被人质疑"休斯完全不懂商业，一看就没做过生意"。我去跟他们争论，完全没有必要，也没有意义。

我是学导演出身的，专注做内容做了四年，做短视频又做了三年，我真的没做过生意，因为我一直在专注地做内容。

我没有想着掩饰或否定别人的偏见，而是把偏见和自己的不足转化成我的利器，也就是我的特点。

凡事都有两面性，都有利有弊。当别人对你有偏见，抨击你的弱项时，你应该很巧妙地把抨击引到事情的另一面，也就是你的强项上来，打造你的卖点。你不需要做到很完美。就像我确实不懂商业，因为我把时间全部花在研究内容上了，所以我是很专注的。你在你的专业领域上极度的专业，你的内容、产品、人设会更加垂直，观众会觉得你真实。

把你所认同的观点勇敢表达出来

你对待别人的态度，其实也会成为别人对待你的态度，有态度就有偏见。做 IP 的时候，不要害怕有态度的表达，你要勇敢地输出观点。

不要害怕去表达，这个世界就是由不同的观点拼凑在一起的，没有绝对的对与错。不必为了一个观点过于冥思苦想，力求逻辑缜密。你说出来的观点不需要完美，只要你的逻辑自洽，它就是好的观点。勇敢地说你的观点才能获取流量，别人对你的议论都不重要。

敢于否定自己，才能有进步

有时候过了一段时间，你觉得你成长了，可能会否定你过去的观点。正如查理·芒格所说："承认无知是智慧的开始。"如果不认为去年的自己是个"傻瓜"的话，你今年就无法成长。

过去我总是什么都想做，今年我觉得做内容要更专注、更聚焦，一切都需要分工。我曾经总想要快速进步：我想一年之内赚 2000 万元，我想半年之内组建一个非常好的团队。但是后来我发现，这会给自己带来很大的压力，我的方向与我组建团队的初衷变了。

现在我变得更加专注，学会不去给自己的时间设限了。你只需要思考你要做好的那件事，为你的目标去努力，你的团队凝聚力自然也会更好。想实现目标，有一个前提就是大家一起往一个方向用力。

很多人的偏见的根源是不愿意自我否定。当你自己能够不断否定自己的时候，其实偏见对你来讲就不重要了。

未来趋势下，
用户心理与流量关系的变与不变

人的心理需求是亘古不变的。只要你能够理解人类不变的情感逻辑，然后根据人的底层需求去做内容，你就能获得流量。

我们现在看到的抖音、小红书、视频号，它们都只是传播的媒介。你要做的是捕捉大众的心理需求，通过现有的媒介方式或呈现形式将它们表现出来。获取流量的核心就是看你如何把握人们的需求。

一个人的需求层次是在不断提升的，从最基本的物质需求到人类共同的大梦想。随着科技的发展，社会的进步，过去不重要的东西，现在越来越重要，人越来越追求在精神层面上拥有更好的体验和享受。过往我们不重视的小情小绪，在未来必然成为大的商机，流量的秘密就在其中。把握人心底的追求，就是获取流量的本质，又或者说，流量就流淌在每个人的心里。